TORIDE de Knitの読む編みもの教室

はじめてでも編める

棒針編みの教科書

TORIDE de Knit
イデガミ アイ

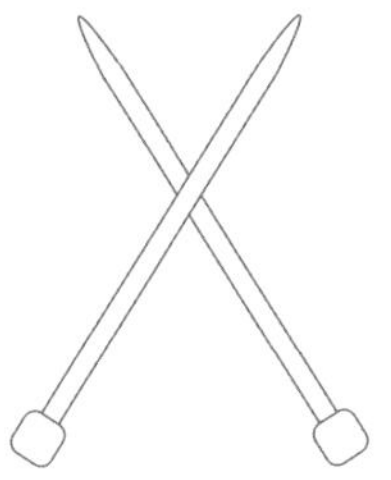

「棒針編みをやってみたいけど、
どうやって始めていいかわからない」
「編み物本を買ってみたけど、
記号や編み図が複雑に思えて挫折した」——

この本は、1ページずつ順を追って手を動かしていけば、
読み終えたときには「編めた！」と
実感してもらえるつくりになっています。

はじめの頃は分からなかった記号や編み図も、
手を動かしているとスッと理解できるようになるもの。

つまずきがちなポイントや、
ちょっぴり複雑な作品の流れは
動画でも確認できますので参考にしてみてください。

みなさんの歩みを想像しながら、
隣で教えているときのような気持ちで制作したので、
この本がみなさんにとっての「読む編み物教室」となり、
TORIDE de Knitを身近に感じていただければ嬉しいです。

きっと、すべて読み終えたとき、
編めるようになっている自分の進歩に驚き、
同時に編み物の楽しさを実感する皆さんがそこにいるはずです。

肩の力を抜いて、
まずは手を動かすことを楽しんでください。
編み物の世界へ、いってらっしゃい！

TORIDE de Knit
イデガミ アイ

CONTENTS

この本はページ順に写真を見ながら編んでいくことで
ステップアップできるようになっています。
episode.0を読んで、必要な道具や糸を揃えたら、
ぜひepisode.1から順に編んでみてください。

QRコードを読み込むと、動画が見られます

ページ内にあるQRコードをスマートフォンのカメラやQRコードリーダーアプリなどで読み取ることで、編み方の説明を動画で見ることができます。

episode

0

棒針編みを始める前に

「棒針編みって何だろう？」
「どんな道具、どんな材料を用意すればいいのかな？」。
そんな"きほんのき"をまとめました。
まずはここから、準備を始めましょう。

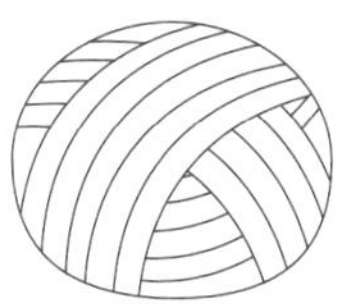

棒針編みって何？

編み物には大きくわけて２つの技法があり、棒針を使うものを「棒針編み」、かぎ針を使うものを「かぎ針編み」と言います。どちらも糸と針を使って編むのは同じですが、編み上がりの風合いやデザインが変わります。
棒針は先端が尖っている棒状の針のことで、２本（または４本、５本）使って編みます。長さは35cm前後のものがよく使われ、幅が広い平たい面を作るのに向いています。
編み上がりは、かぎ針編みに比べるとやわらかく軽い仕上がりになるため、マフラーやセーターなどによく使われる技法です。

かぎ針編みの編み地

棒針編みの編み地

棒針編みの“超”基本用語

編み方のページで出てくる、いちばん基本的な言葉です。まずはこれだけ覚えておきましょう。

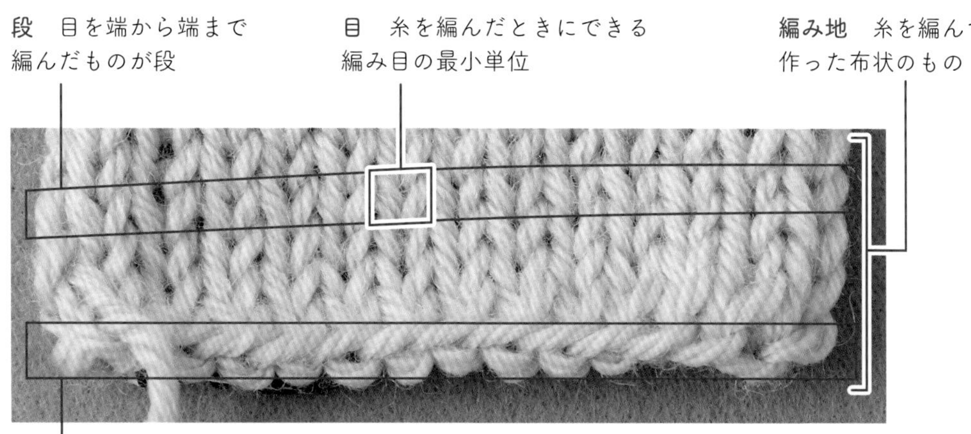

この本で使う棒針

棒針は、軸の直径の太さによって号数という番号がふられてあり、棒針本体に表記されています。0号から15号までで、数字が大きくなるほど太くなり、それより太いものはミリ単位で表記されます。この本で使うのは以下の4種類です。作るものに合わせて用意しましょう。

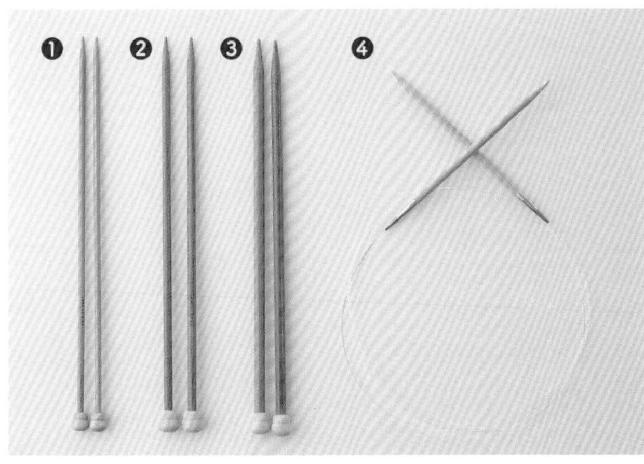

❶ 6号(3.9mm)
P.17〜68 Episode.2
(小さなモチーフ〈ガーランド〉)
P.78 アームウォーマー
P.86 クロスヘアバンド(1目ゴム編み部分)

❷ 10号(5.1mm)
P.70 メリヤス編みのピアス&イヤリング
P.86 クロスヘアバンド
P.98 マスクカバー

❸ 15号(6.6mm)
P.74 ミニマフラー

❹ 10号輪針
P.94 三角ショール

棒針の素材は、竹製やプラスチック、金属製などいろいろ。片側に玉のついた「玉つき棒針」、両先が針の「両先針(4本または5本針)」、2本の針をコードでつないだ「輪針」などがあります。はじめてさんには「竹製の玉つき棒針」がオススメですが、自分の好きなものを選んでかまいません。

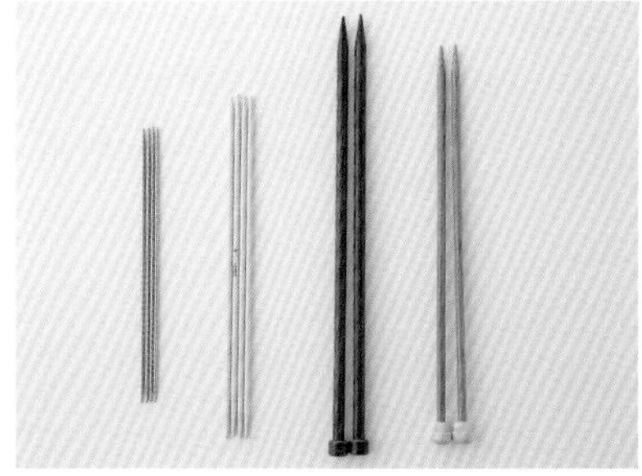

その他の道具

とじ針と糸切りばさみ以外は作品によっては使わない道具もありますが、揃えておくと便利です。

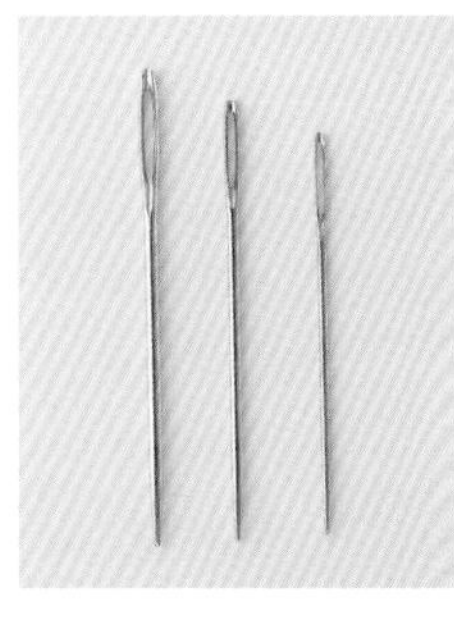

とじ針

布を縫う縫い針に似ていますが、編み物用に先が丸くなっていて作品を仕上げる時に使用します。穴の大きさや太さが違うので糸の太さに合わせて選びます。この本ではNo.11〜15を使いました。

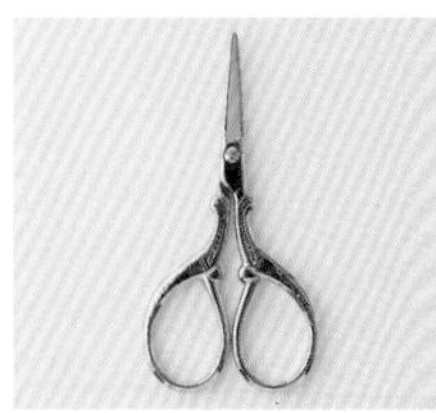

糸切りばさみ

毛糸をカットする時に使います。先端が鋭い手芸用のものが便利です。

目数・段数マーカー(リング)

編み目に引っかけて、目印にする道具です。段数や目数が多いものを編む時などは、数える際の目印として重宝します。リングタイプもあります。

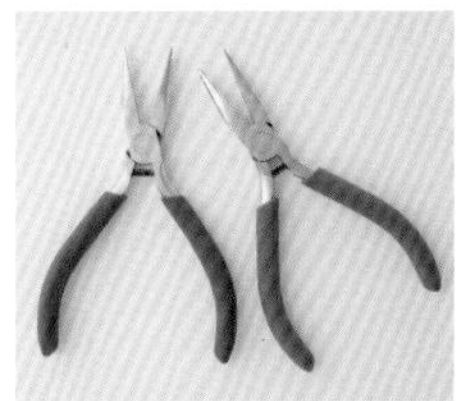

ヤットコ2本

アクセサリー用の金具をつける時に、丸カンの開閉に使います。先端が平らになっている平ヤットコがおすすめです。

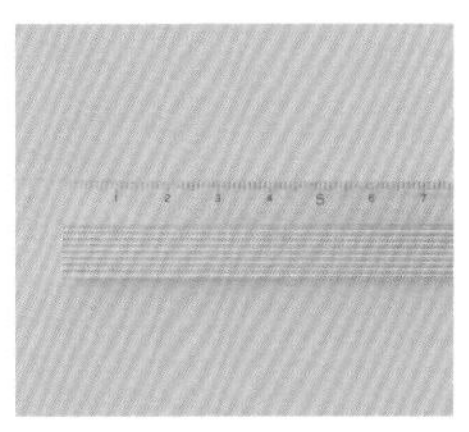

定規・メジャー

作品のサイズを測る時に使いますが、この本では作品のサイズはあまり気にせず、どんどん編んでいきましょう。

糸について

棒針で編むことができる糸は、毛糸のほか、コットン(綿)やリネン(麻)の糸、パルプや和紙を加工した糸などさまざま。形状も俵型やドーナツ状に巻かれている玉巻、芯に巻いてあるコーン巻、カセ(巻いた糸を束にした状態)などがあります。

毛糸は糸を撚(よ)ってできていますが、同じ糸を撚り合わせて1本の毛糸にしてあるストレートヤーンのほか、加工してさまざまな形状変化があるファンシーヤーンなどもあります。はじめて編み物をする人は、編みやすいストレートヤーンがおすすめです。

太さも様々な種類があり、細すぎる糸や太すぎる糸は、最初は編みにくく感じるかもしれません。この本では、はじめての編み物にオススメの糸を使っているので、編み心地を確かめながら編んでみてください。

この本で使う糸

基本の編み方は❶の糸で練習しましょう。❷〜❻は作りたい作品によって揃えてください。同じ糸の色違いを使ってもOK！　気分が高まる色で編んでください。まったく違う糸を使いたい場合は同じくらいの太さの糸を選びましょう。できあがりの雰囲気やサイズは変わるかもしれませんが、自分が気に入ればなんでもOKです。

❶パピー「クイーンアニー」
P.17〜68 Episode.2(小さなモチーフ〈ガーランド〉)

❷ハマナカ「ウオッシュコットン」
P.70 メリヤス編みのピアス&イヤリング

❸ハマナカ「アメリー エル〈極太〉」
P.74 ミニマフラー

❹DARUMA「メリノスタイル並太」
P.78 アームウォーマー
P.94 三角ショール

❺DARUMA「原毛に近いメリノウール」
P.86 クロスヘアバンド

❻sawada itto「Puny」
P.98 マスクカバー

ラベルの見方

糸にはラベルがついていて、使用する針の目安や手入れ法などが表示されています。

❶色番とロット
色名がついているものや英数字で示されているものなどがあります。ロットが違うと微妙に色が異なることがあるので、たくさん使用する場合は同じロットのものを選びましょう。

❷糸の名称

❸糸の素材や品質

❹糸玉1個の重さと長さ
同じ重さで比べると、糸長が長いほうが糸は細くなります。糸の太さを表すのに「中細(ちゅうぼそ)」「並太(なみぶと)」などの表記がありますが、メーカーによって差があるため、重さと長さで比較することをオススメします。

❺参考使用針
適した針の目安です。編む人の手加減や作品によって、使う針のサイズは自由に変えてOKです。

❻標準ゲージ
標準ゲージには、10cm角の面積に入る標準的な目数と段数が記載されています。

❼糸端の位置
糸端がどこにあるか明記されているものもあります。

episode

1

棒針を使って作り目を作ろう

糸と棒針を持って作り目を作ります。
編み始めはすべてこの作り目を使います。

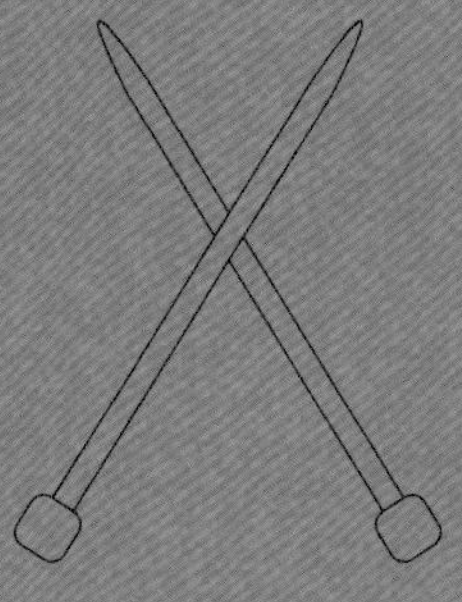

糸端を出します

糸玉の中心と外側に糸端がありますが、編む時は中心の糸端を使いましょう。
外側の糸端でも編めますが、糸玉が転がって編みにくくなります。

糸をやさしく引きながら糸端がないか探します。無理に引くとからまるのでゆっくり慎重に。

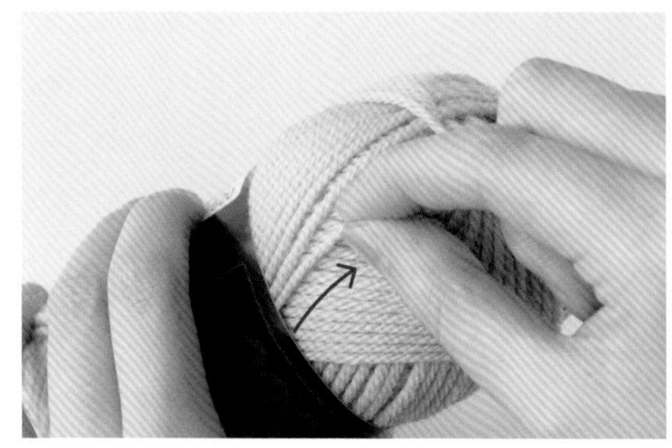

中心の糸端がラベルにはさまれていることもあります。

内側に芯があるものは芯を取り除いてから、糸端を探します。

芯を引っぱり出せない時は、糸玉ごとつぶして芯を折りたたんでから取り除いてみてください。

毛糸のかたまりが出てきてしまったら

糸端を探す際、糸が引っかかって内側からかたまりになって出てくることも……。まずはやさしく糸を引いて糸端を探します。糸のかたまりはそのままだとからまりやすいので、指に8の字を作るように巻いておくと使い勝手が良くなります。

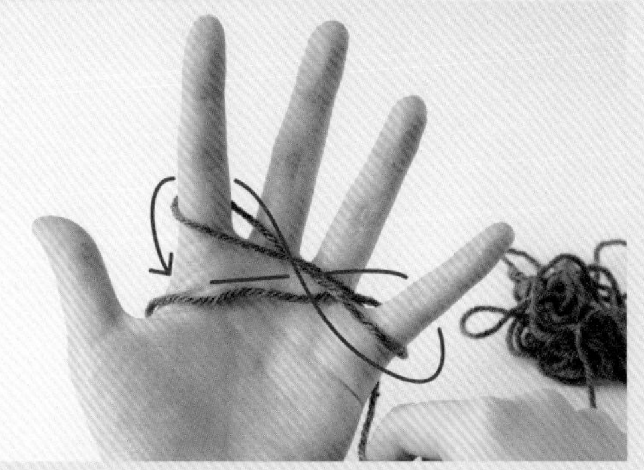

1 糸端は手の甲側に垂らし、糸玉側の糸を、人さし指と小指に8の字を描くように巻きます。

2 写真のように巻けたら、中央の交差している部分を持って指から外します。

指でかける作り目

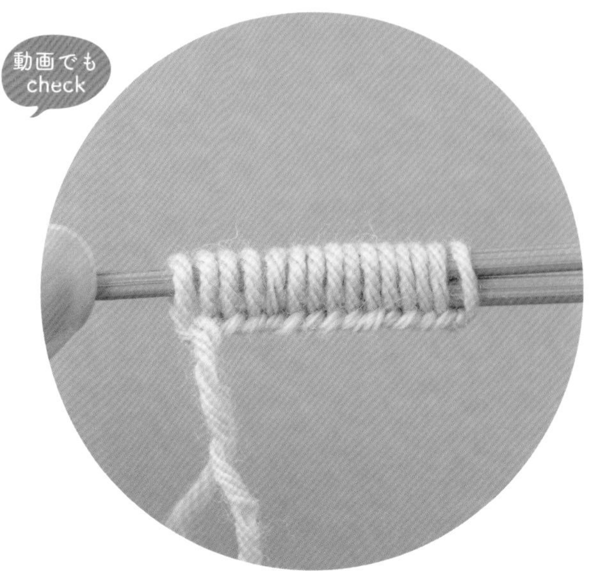

作り目には数多くの種類がありますが、ここでは一般的によく使われる作り目を覚えましょう。

はじめに指で輪を作ります

ここでは指を使いますが棒針を使う方法もあります。
どんな方法でも「輪のサイズを調整できる結び目」ができればOKです！

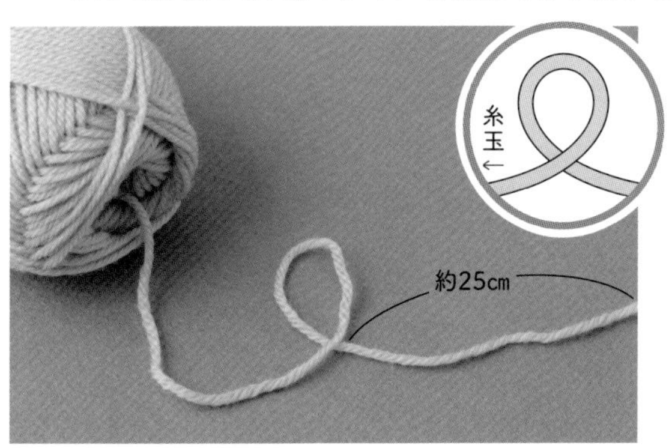

1　糸端から25cmくらい※のところで輪を作ります。糸玉側の糸が交点の上にくるように置きます。

※編むものによって長さが変わりますが、今は練習として25cmにしています。

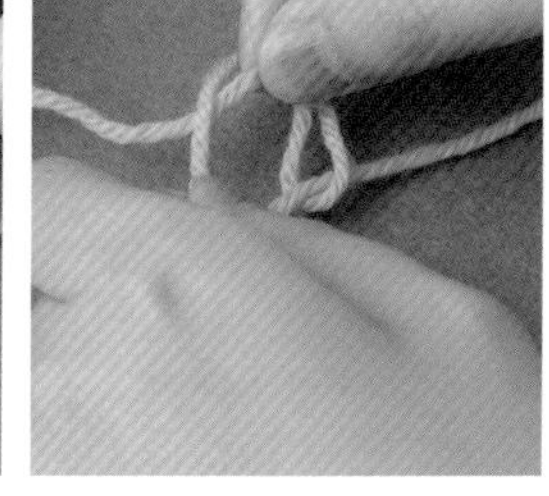

2　輪の中に指を入れて糸玉側の糸をつまみ、輪の中から引き出します。

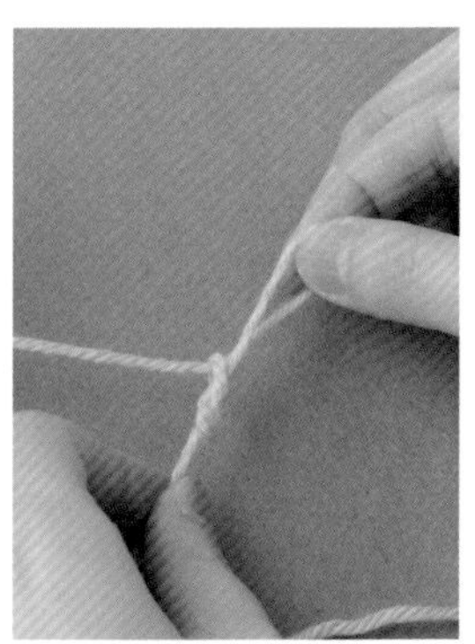

3　糸端を引いて、結び目を作ります。はじめの輪ができました。

＼ check ／

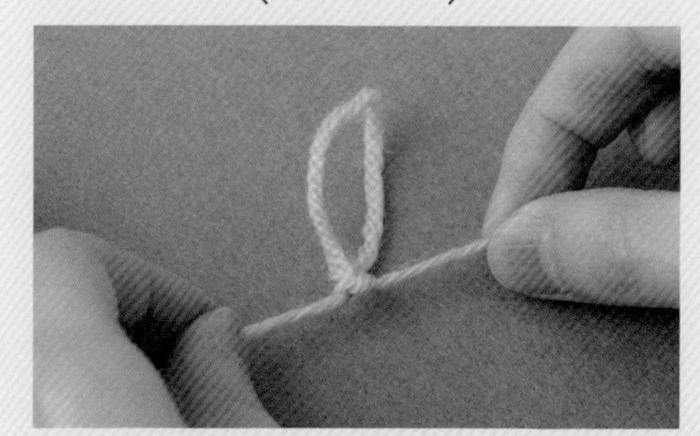

ここで両側から糸を引いてみましょう。結び目がほどけたら「輪のサイズを調整できる結び目」ができています！

■ 棒針を持ちます

棒針を2本まとめて右手に持ちましょう。

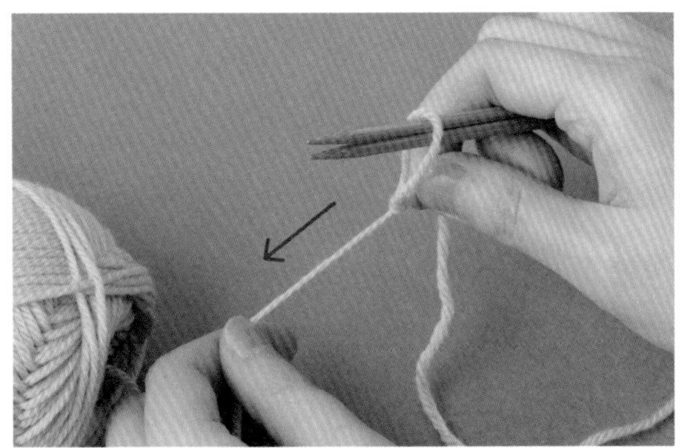

4　輪の中に棒針を入れ、糸玉側の糸を引いて棒針2本分のサイズに輪を縮めます。

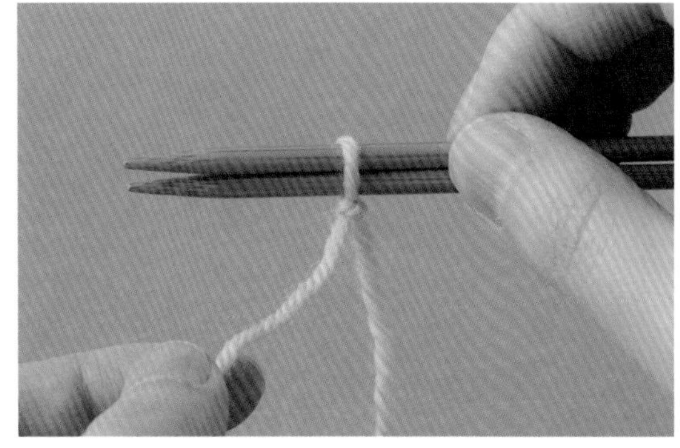

5　棒針は2本が垂直に並ぶように持ち、棒針2本の真下に結び目がくるようにします。

■ 糸を手にかけます

糸玉側と糸端側の糸をそれぞれ左手にかけます。

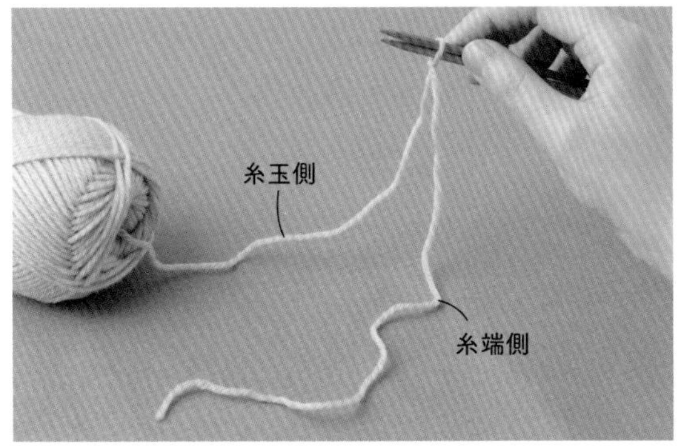

6　糸端側の糸を手前に置きます。はじめの輪は抜けないように右手の人さし指で軽く押さえます。

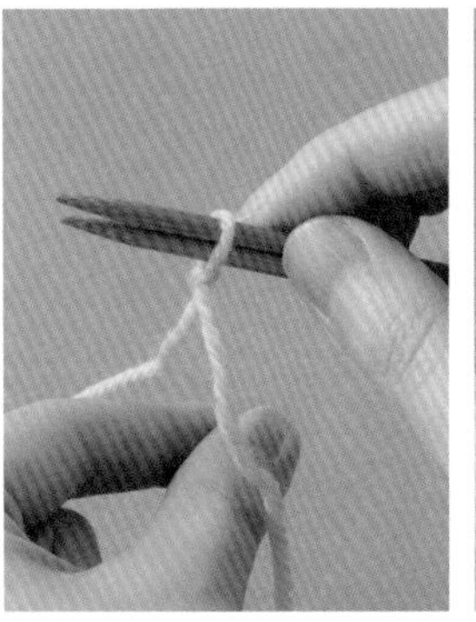

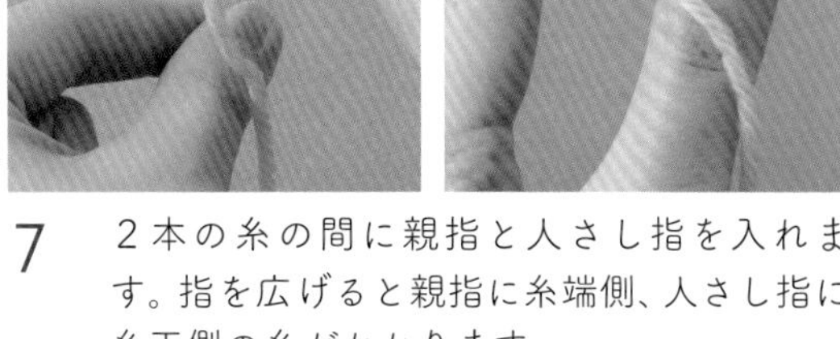

7　2本の糸の間に親指と人さし指を入れます。指を広げると親指に糸端側、人さし指に糸玉側の糸がかかります。

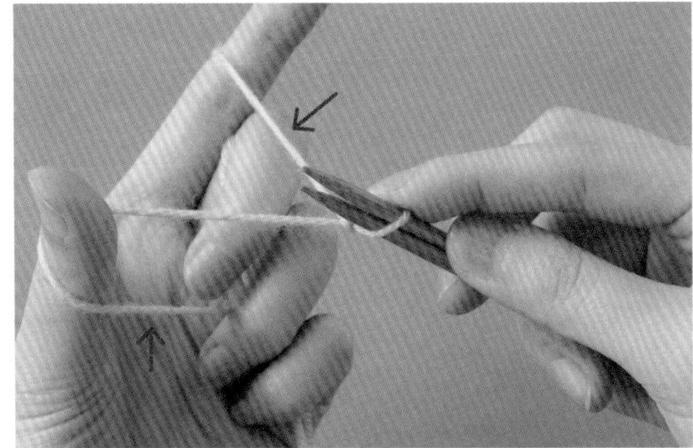

8　手首を返し、手の平にある2本の糸を薬指と小指で軽く握ります。このあと、矢印の糸を使うので、この2本がほどよく張るように持ちましょう。

＼ check ／

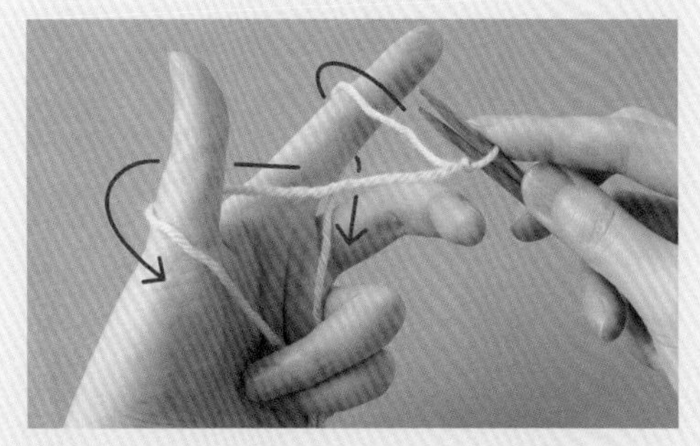

写真と同じようにかけられたか確認しましょう。

●糸端側の糸が親指にかかっている。

●2本の糸が矢印の通りにかかっている。

指でかける作り目を作ります

棒針を2本まとめて動かし、親指の糸と人さし指の糸を交互にかけて目を作っていきます。

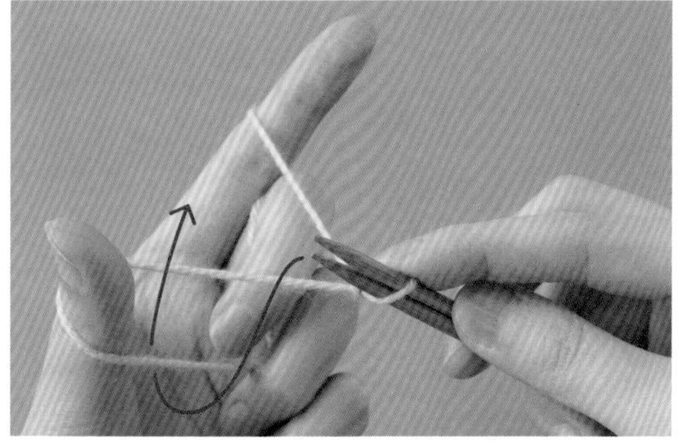

10 親指の手前側の糸（糸端側の糸）を、矢印のように動かして下からすくい上げます。

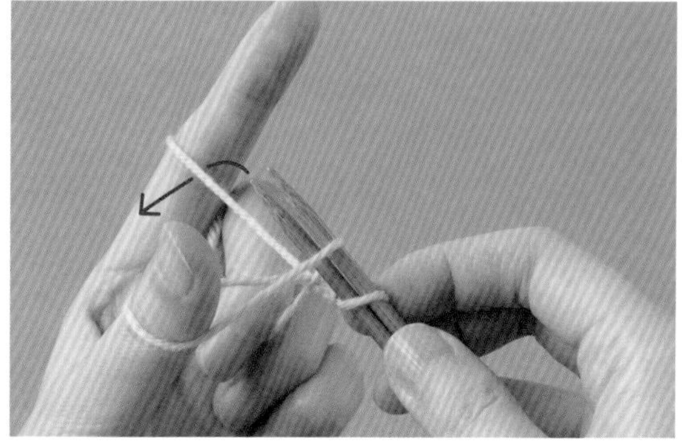

11 糸をかけたまま、棒針を矢印のように動かして人さし指の糸をかけます。

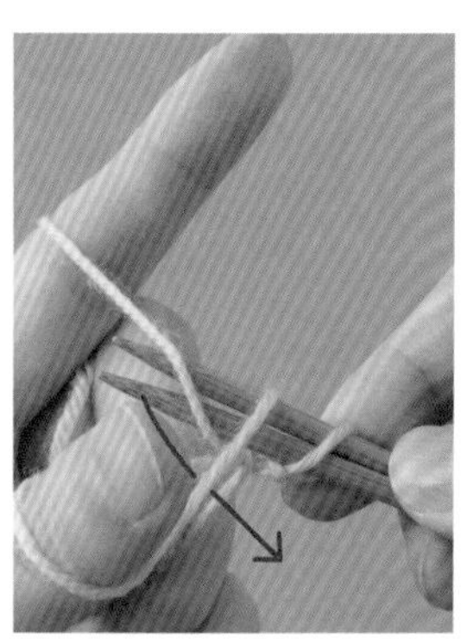

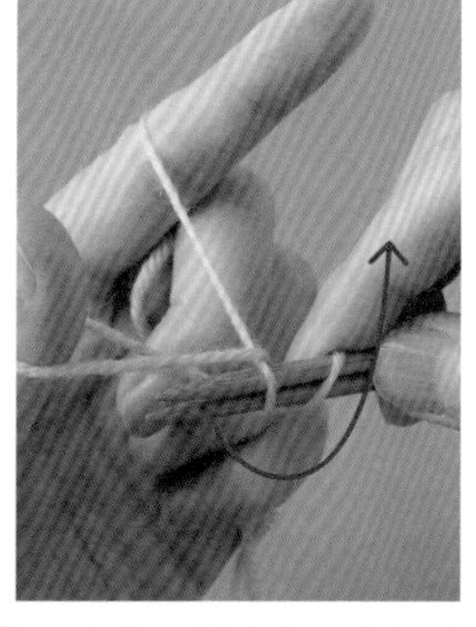

12 棒針を写真左の矢印のように動かし、11でかけた糸を親指の糸の間から引き出したら、写真右のように持ち上げます。

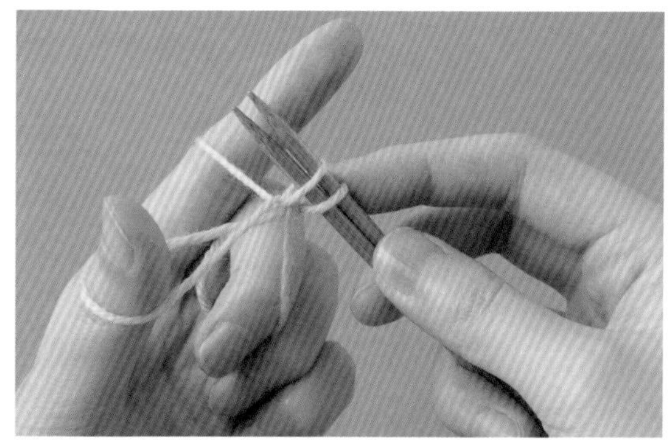

13 棒針に新しい輪（ループ）ができました。

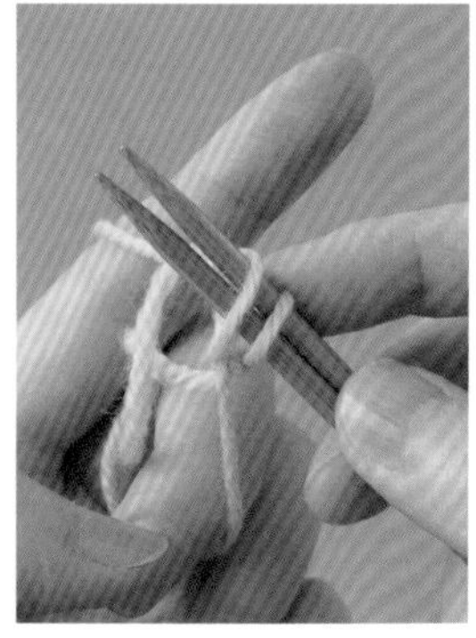

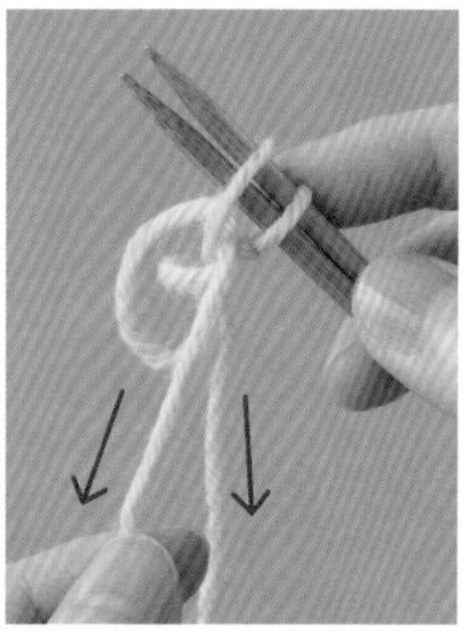

14 親指にかかった糸を外し、糸端側を引いて結び目を作ります。輪が棒針２本分のサイズになるよう、人さし指側の糸も引きます。

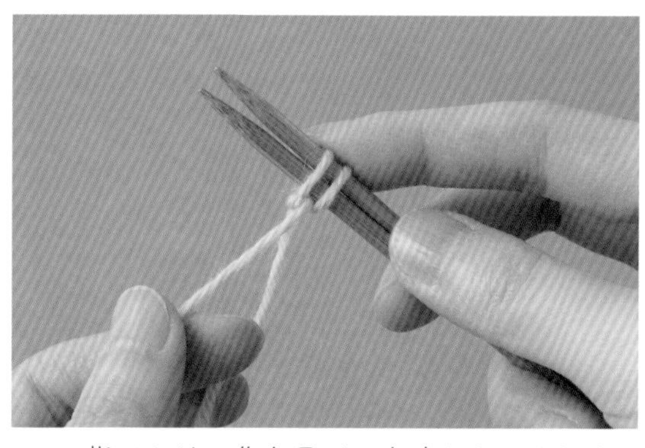

15 指でかける作り目ができました。はじめの輪を１目と数えるので２目めができたことになります（ループの数で目を数えます）。

6〜15を繰り返し練習してみましょう！
棒針からループを抜けば
簡単にほどけてやり直せます。
まずは手を慣らすことが大事。
ひとつひとつの手順を
ゆっくり覚えていきましょう。

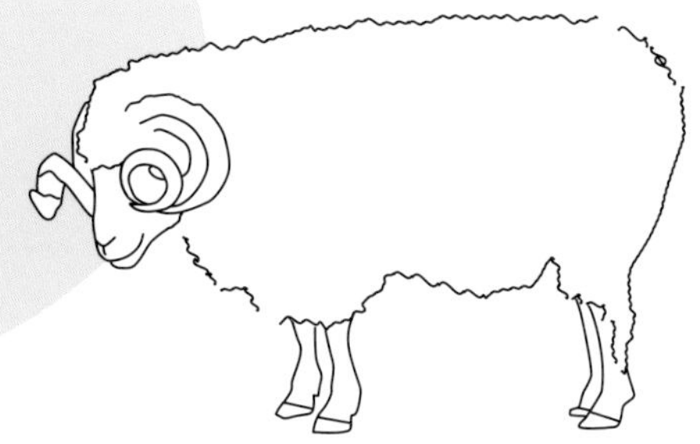

トラブルシューティング

作り目がゆるい

糸の引きが弱いかもしれません。糸を引くときに、ループを棒針２本分のサイズにすることと、結び目の大きさを揃えられるように意識してみましょう。

✕ NG

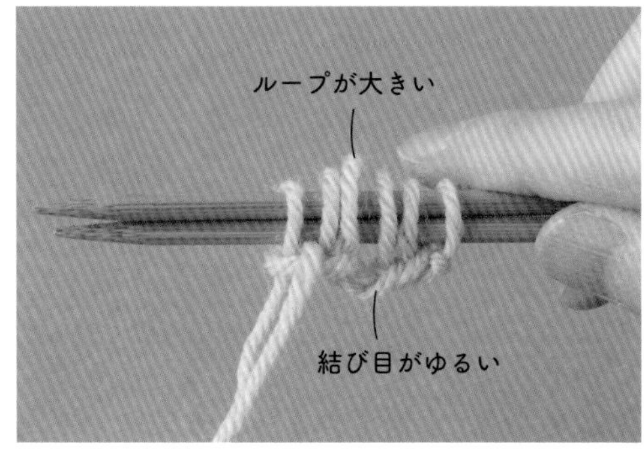

OK

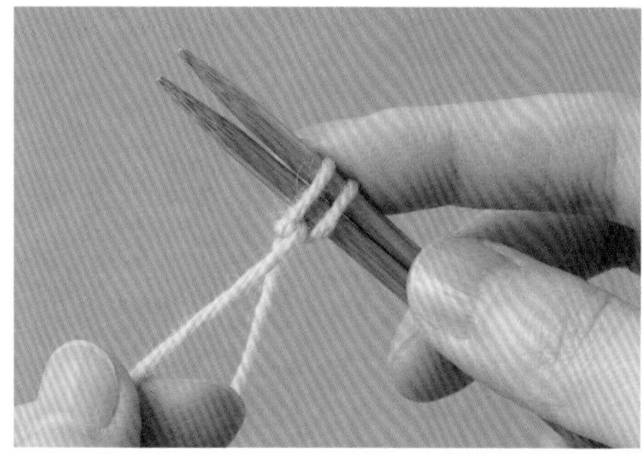

きつくて作り目を動かせない

糸の引き締めが強すぎるかもしれません。写真のように結び目が棒針の向こう側に回っていませんか？　左手の力を少し抜いてみましょう。

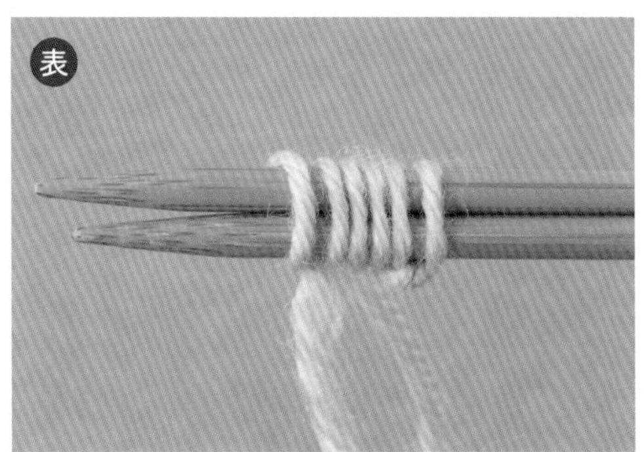

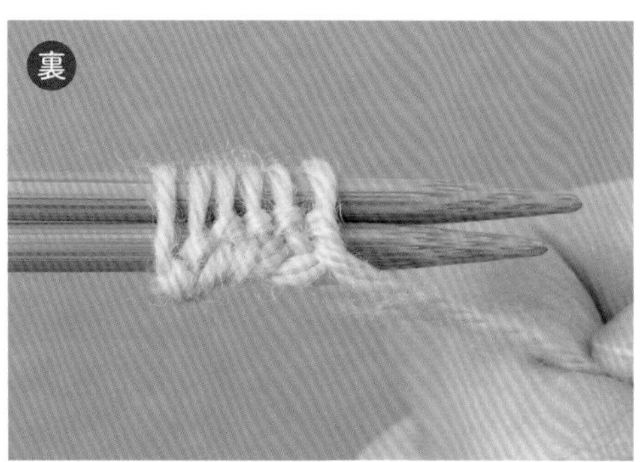

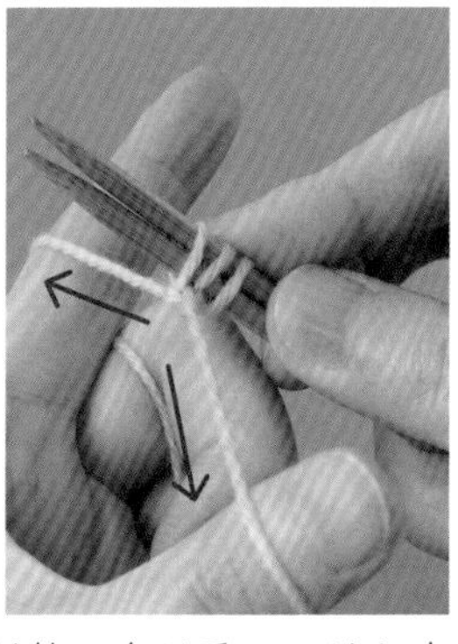

16 慣れてきたら親指以外の糸は手にかけたままにしてみましょう。親指の糸を外してかけ直す時に糸を引けるようになれば、6～8の工程は省略できますよ。

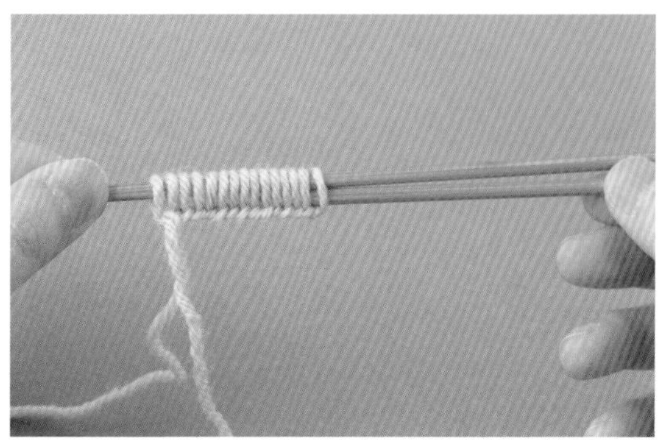

17 写真は15目作れたところです。作り目が終わったら、針を1本抜きます。どちらの針でもOKです。

Point

指でかける作り目には表と裏があり、結び目の見た目が違います。

表

裏

check

はじめの輪を作るときの糸端の長さ

「指でかける作り目」は糸玉側の糸と糸端側の糸を使うため、あらかじめ糸端の長さを確保する必要があります。必要な長さは編み地の種類や手加減の違いで差がありますが、編み地の幅の約2.5～3倍を目安にします。

棒針2本 or 1本 or 太さの違う棒針

ここでは本体を編む棒針と同じサイズを2本使いましたが、編み目の形は人それぞれ。ご自身の手加減がわかってきたら作り目を作る時の針を1本にしたり、サイズを変えたり、自由に調整してOKです。

episode

2

小さなモチーフを編んでみよう

基本の２つの編み方だけで四角や三角などの
小さなモチーフを編んでみましょう。
編み方の練習をしながら、
最後にはかわいいガーランドになります。

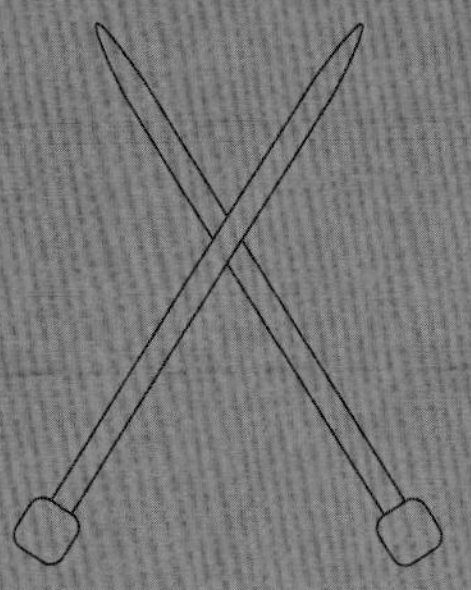

［使用した毛糸］パピー「クイーンアニー」　※色はお好みのもの
［使用した棒針］６号
※ここでは、はじめてさんが編みやすいものを使用していますが、違う毛糸でもかまいません。ストレートヤーンで同じくらいの太さのものを選びましょう。

棒針と糸の持ち方

作り目以外はこの持ち方で編みます。編みやすいと感じる持ち方は人それぞれ……。自分に合った持ち方を見つけるために、まずは真似をすることから始めましょう！

棒針を持ち替えます

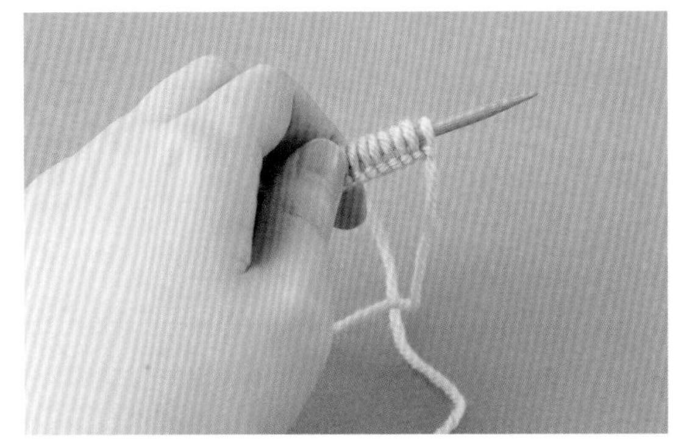

1
作り目が終わったら棒針を左手に持ち替えます。

左手に糸をかけます

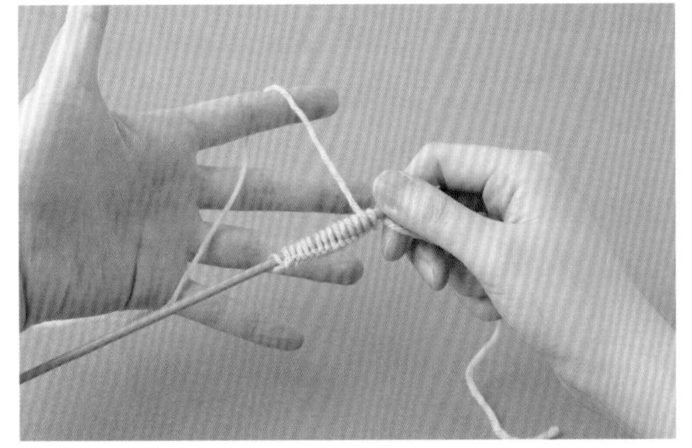

2 糸玉側の糸を人さし指の手前から向こう側にかけ、手の平側に下ろします。
※糸端側の糸は使いません。

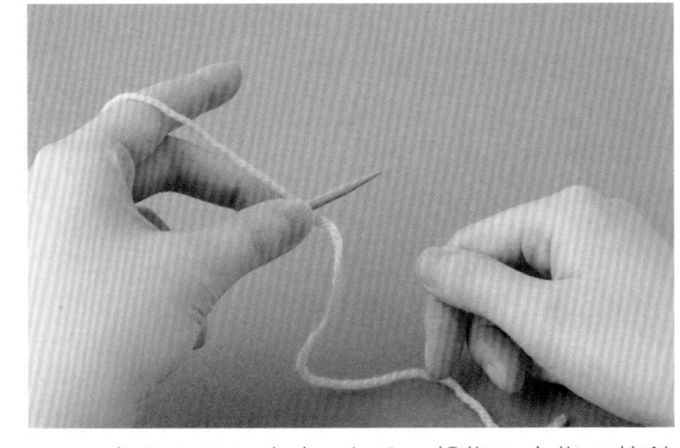

3 糸をかけたまま、左手の親指と中指で棒針を持ち、薬指と小指で支えます。

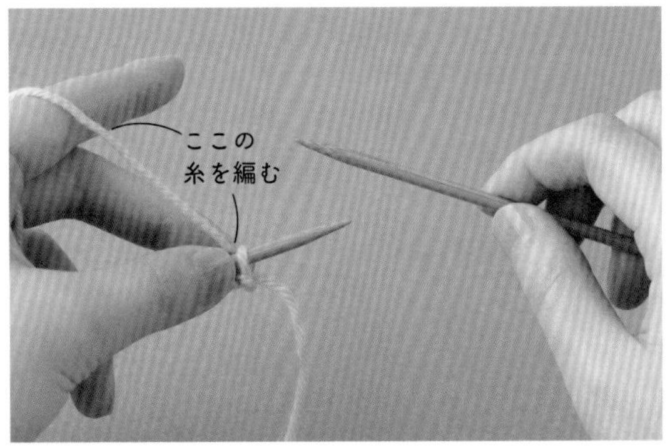

4 編み目がかかっていない空の棒針は右手に持ちます。人さし指は曲げずに、かけた糸がほどよく張るようにまっすぐ伸ばします。糸の張り具合（テンション）を保てると編みやすくなります。

＼check／

フランス式とアメリカ式

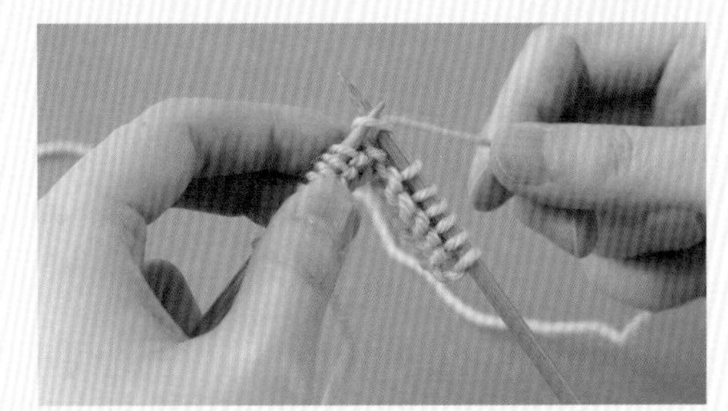

左手に糸をかける持ち方をフランス式、右手に糸をかける（または持つ）持ち方をアメリカ式（上の写真）と呼び、どちらの持ち方でも編んだ後は同じ編み目ができます。この本ではフランス式で説明しています。

Step 1

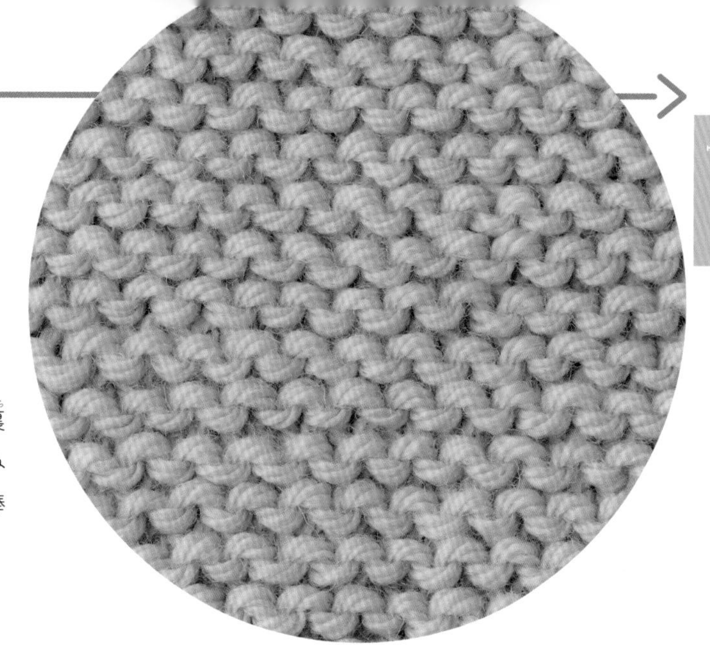

ガーター編み

棒針編みの基本となる編み方が「表目(おもてめ)」と「裏目(うらめ)」。表目と裏目が1段ずつ交互になる編み地を「ガーター編み」といい、はじめての棒針編みにぴったりなやさしい編み方です。

ガーター編みの正方形

まずは小さな正方形を編み、1本の糸が1枚の編み地になる過程を経験することから始めましょう。手加減によって編み目の大きさは違うので、サイズや段数は気にせず、だいたい正方形になればOKです。

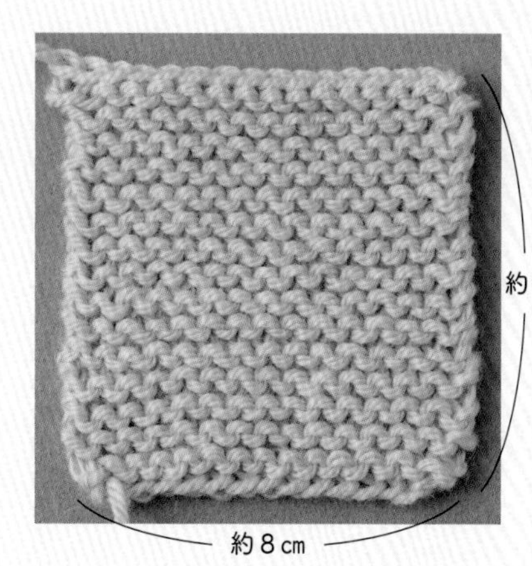

作り目を作ります

指でかける作り目を15目作りましょう。

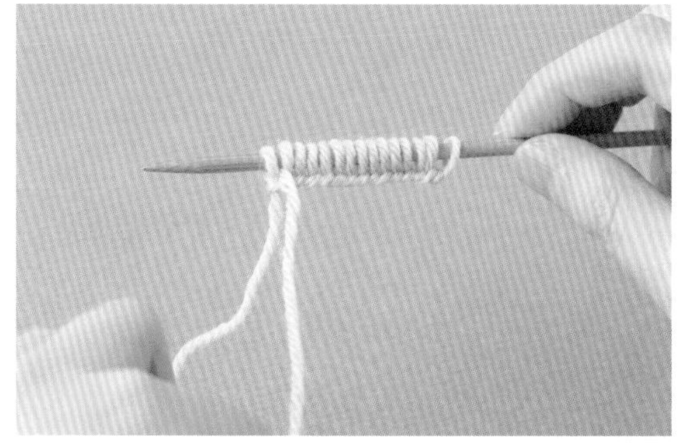

1　編み地の幅の約2.5〜3倍の糸端を残してから始めます。ここでは編み地の幅が約8㎝になる予定ですが、長めに25㎝くらい残しておきましょう。

トラブルシューティング

糸が足りなくなってしまいました

糸端を長めに残して作り直しましょう。十分な長さを残していても、糸端側の糸を人さし指にかけていると足りなくなります。糸のかけ方も確認してみましょう。

左手に糸をかけます（表目を編む時の糸のかけ方）

基本の糸のかけ方をしますが、この後に編む「表目」のために注意することがあります。

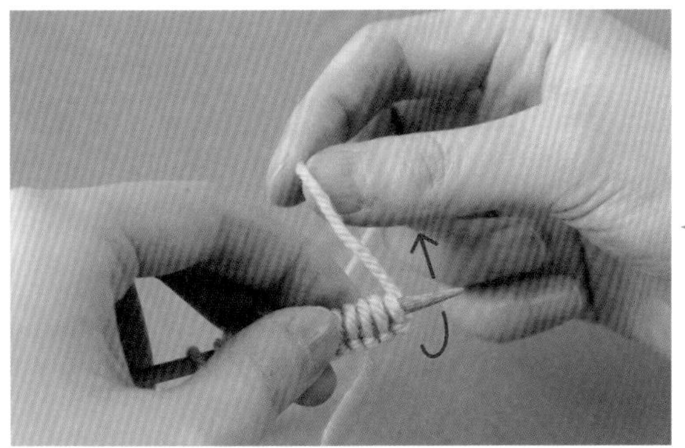

2 糸玉側の糸を針の下から向こう側へ持っていき、左手の人さし指に糸をかけます。

Point

×NG

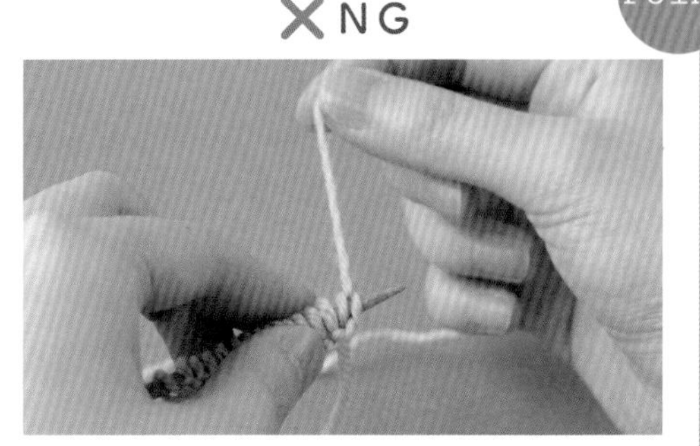

針の上を通してしまうとループが裏側に隠れ、下の目が引き上げられて2目あるように見えてしまいます。

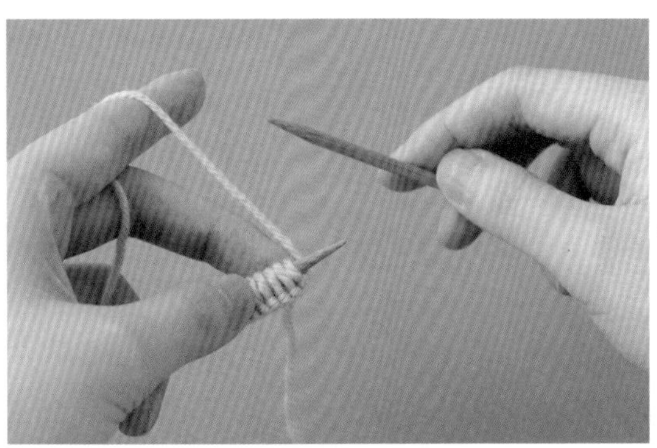

3 かけた糸が、左の棒針の手前ではなく向こう側にあることがポイントです。

Point

×NG

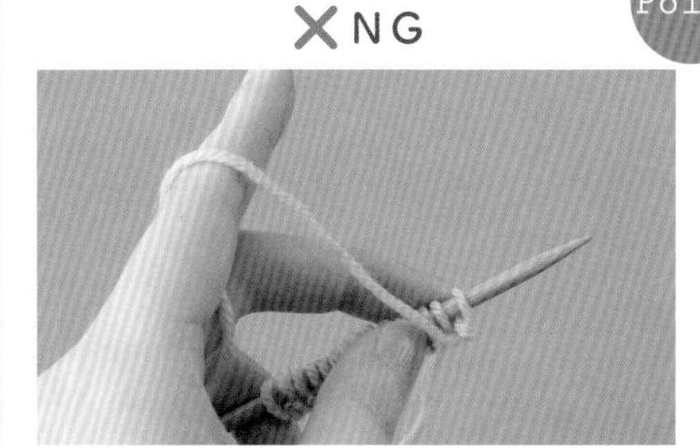

かけた糸が手前にある場合は写真のようになります。

表目を編みます

棒針編みの基本「表目」の編み方を覚えましょう。

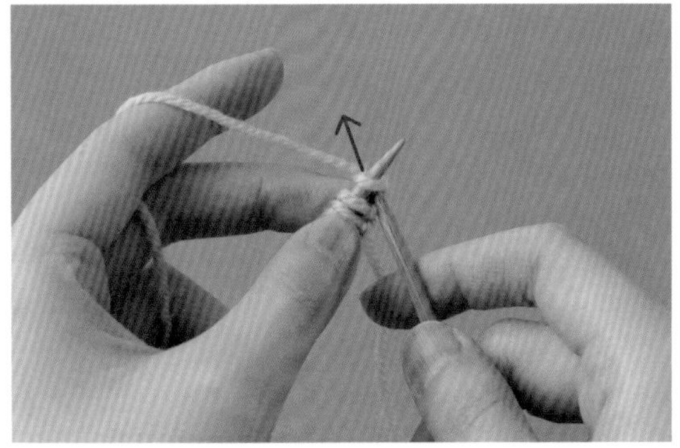

4 1目めのループに左の針先と同じ向きになるように右針を入れます。右針は左針の下を通って向こう側に出します。

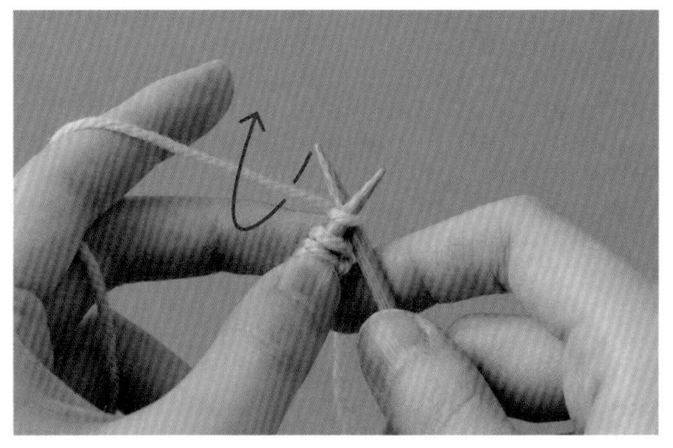

5 針を入れたら矢印のように動かして糸を向こう側からかけます（人さし指にかけた糸を軸に時計回り）。

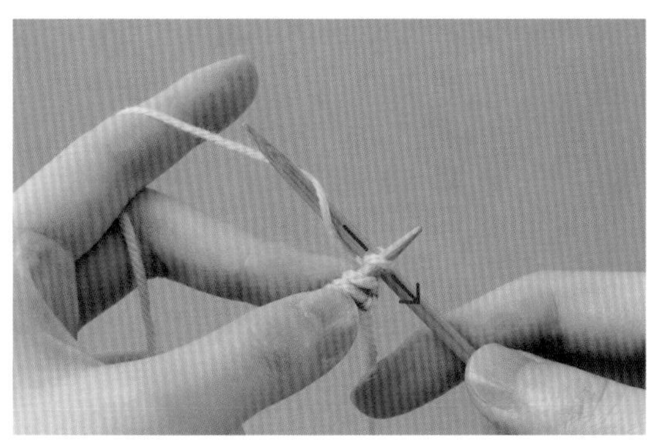

6 糸がかかりました。糸をかけたまま、右針をループの中から引き抜きます。

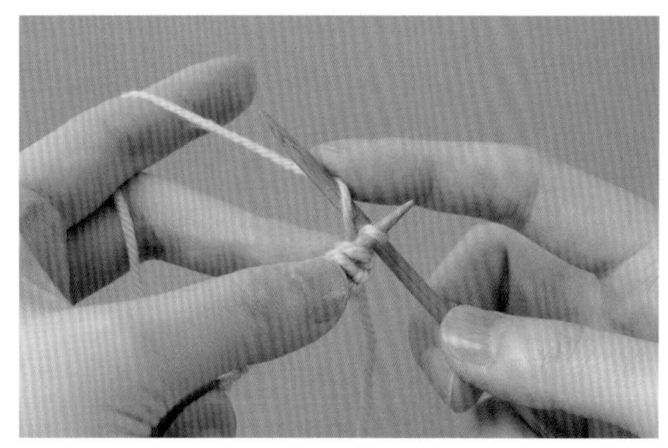

7 かけた糸が外れないように他の指で押さえてもOKです。

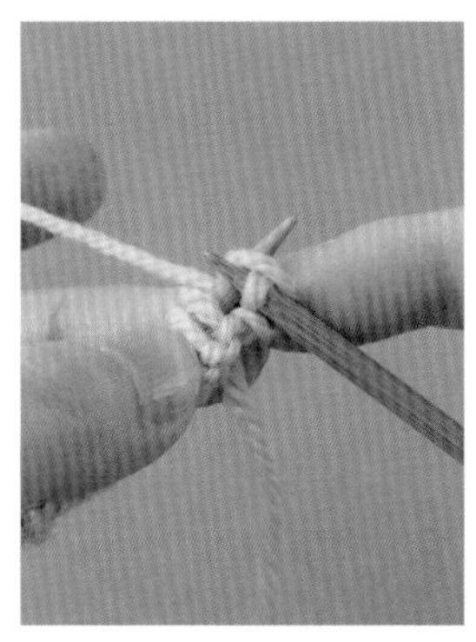

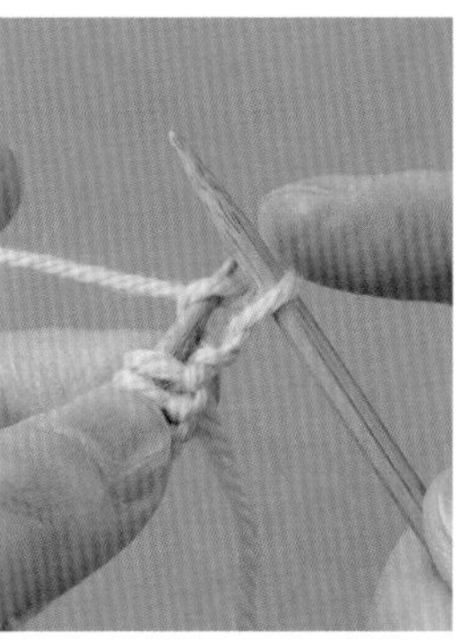

8 右針をループの中から抜いたところです。かけた糸はそのまま引き出します。

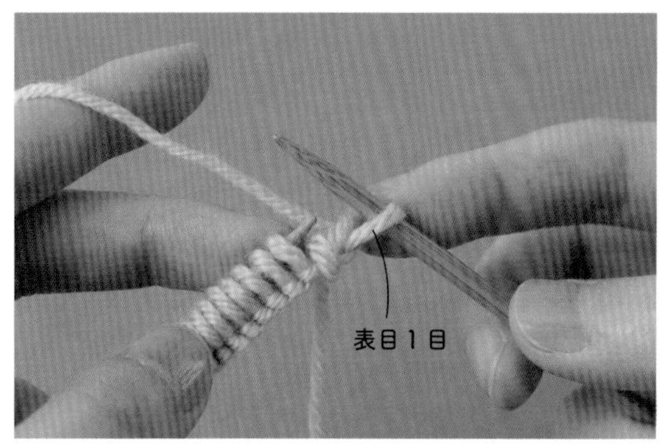

9 糸を引き出せたら左針から1目外します。表目が1目編めました。これを繰り返します。

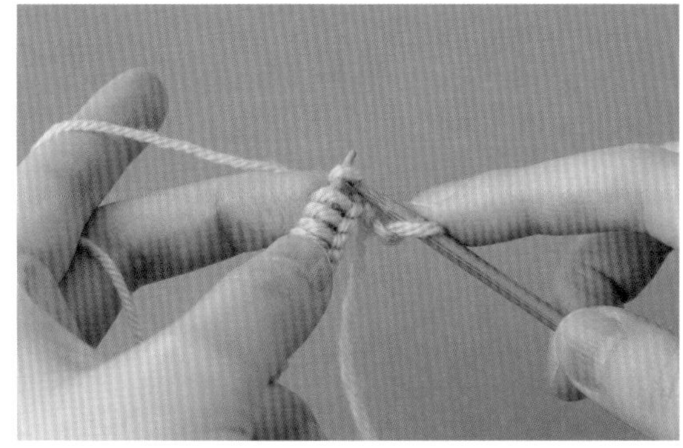

10 左針のループに右針を入れます。右針の編み終わった目は、外れないように指で押さえましょう。

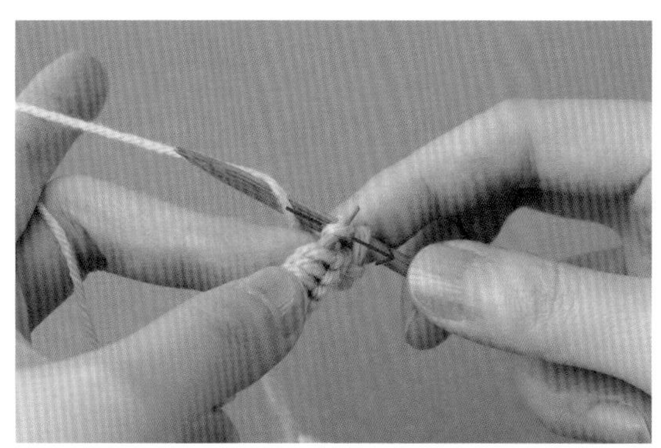

11 針を入れたら糸をかけ、ループの中から引き出します。

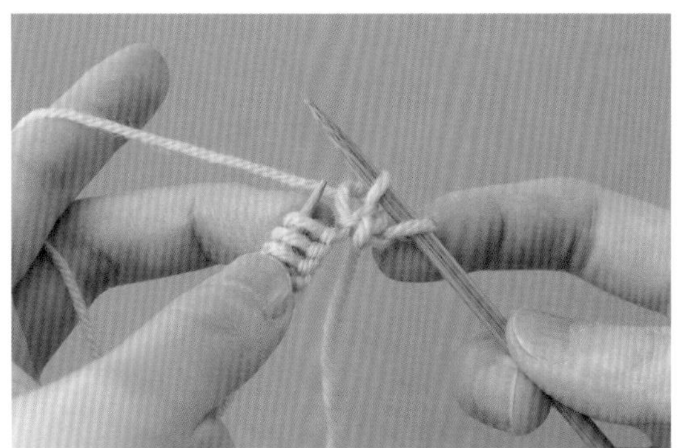

12 2目めが編めました。同じように最後まで表目を編んでみましょう。

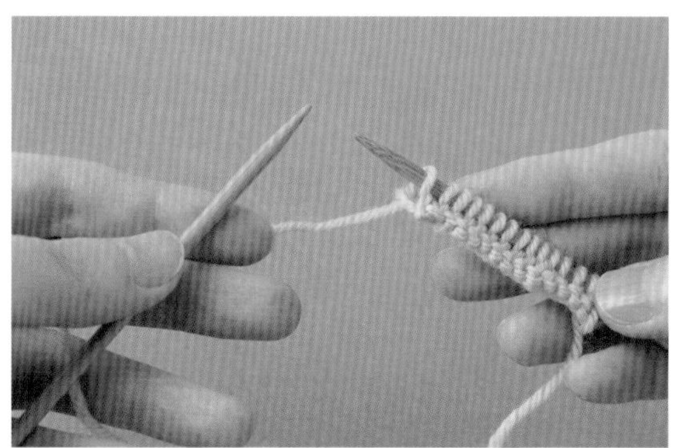

13 表目が15目編めました。左針から右針に目を移しながら編むので、左針には何も残っていません。

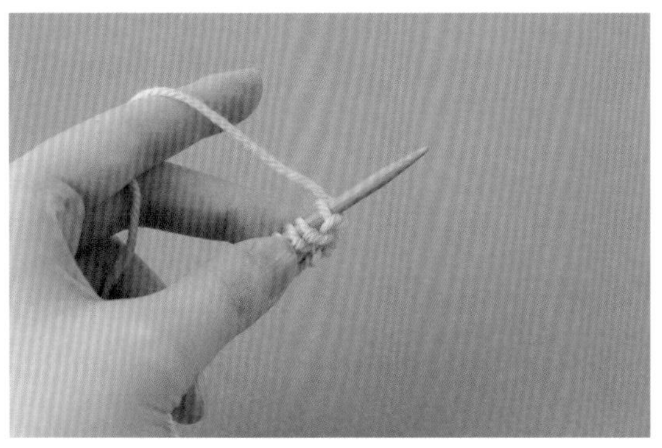

14 次の段に進むときは針を持ち替え、糸をかけ直します(20ページ参照)。

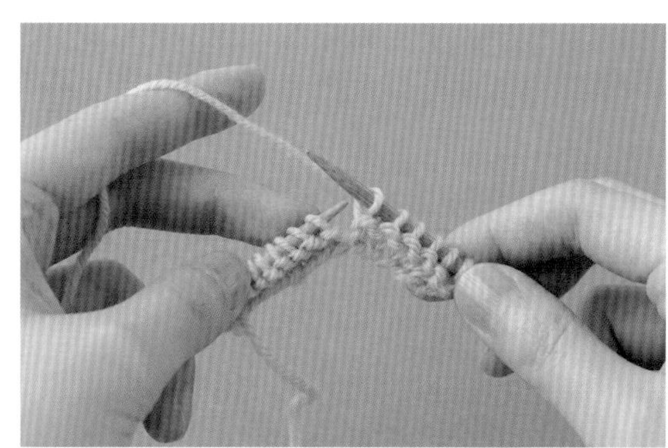

15 同じように繰り返し表目を編みます。今は編み目の美しさは気にしなくてOK！　とにかく手を動かすことが大事です。正方形が見えてくるまで編んでみましょう。

16 正方形が編めました！

伏せ止めをします

最後に目を止めて終わります。ここではよく使われる「伏せ止め」をします。

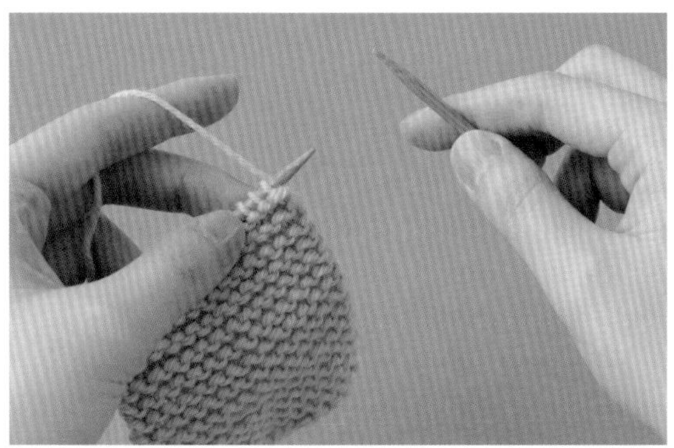

17 表目を編む時と同じように針と糸を持ちます。

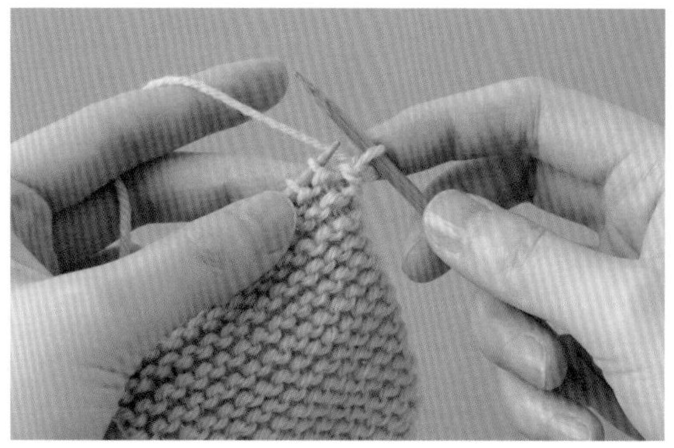

18 表目を1目編みます。

19 もう1目表目を編みます。表目が2目編めたら、左針を1目めに入れます。

20 左針で1目めを持ち上げ、2目めにかぶせるように右針から1目めだけを外します。

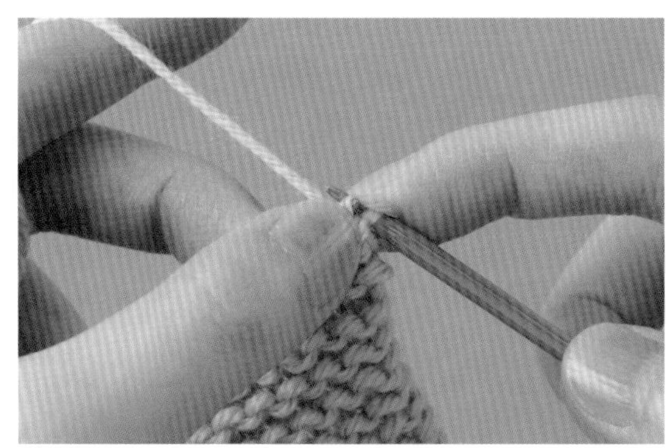

21 かぶせているところです。2目めが外れないように指で押さえましょう。

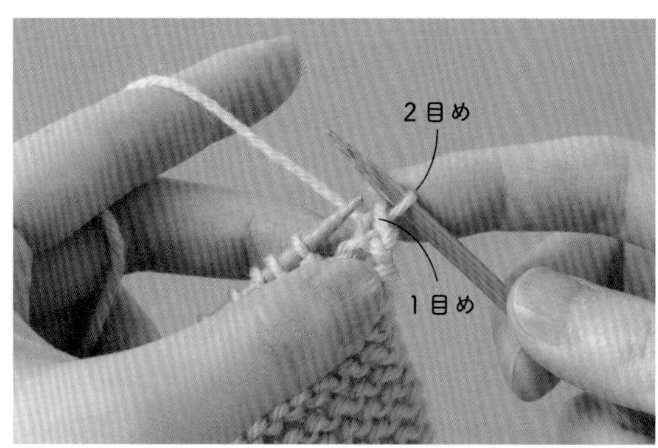

22 伏せ止めが1目できたところです。1目めの中から2目めが出ていて、1目めが止められたことになります。

23 3目めも表目を編みます。右針が2目になったら右端の1目を伏せます。

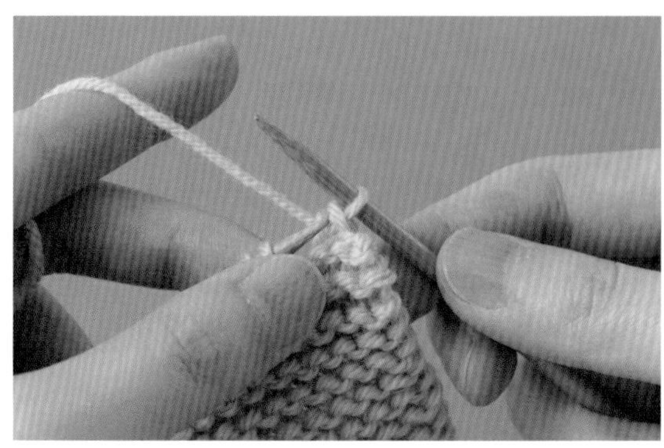

24 もう1目伏せ止めができました。最後まで伏せ止めをしてみましょう。「1目編んだらかぶせる」の繰り返しです。

25 最後の目はかぶせる目がないので違う方法で目を止めます。

Point 伏せ止めはきつくなりがちなので注意！編み地の横幅よりもせまくならないように伏せ止めされた目の大きさを見ながら進めてみましょう。

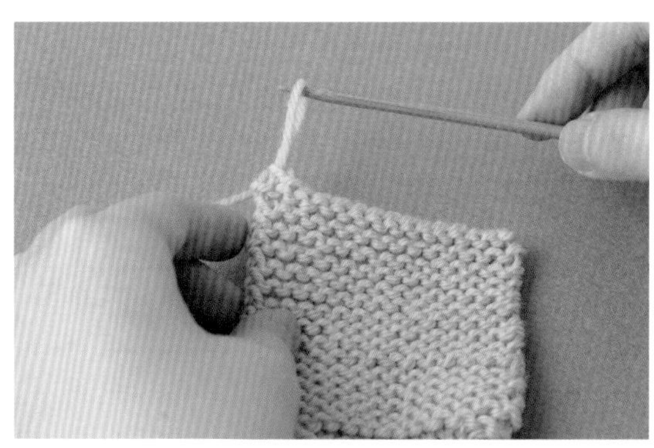

26 針を持ち上げてループを大きくします。

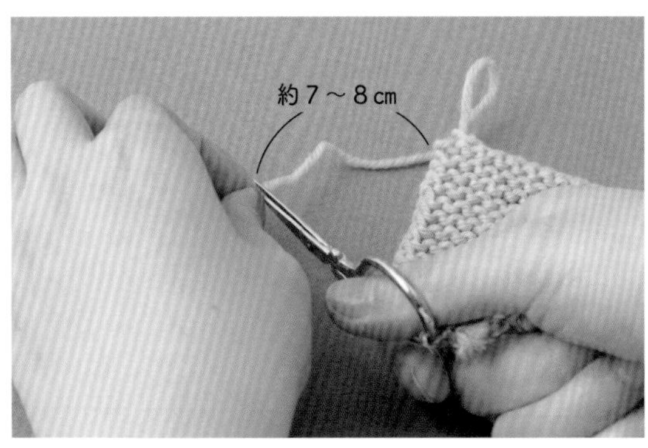

27 ループを少し大きくして針を外し、7～8cm程度のところで糸端をカットします。

28 ループの中に糸端を通します。

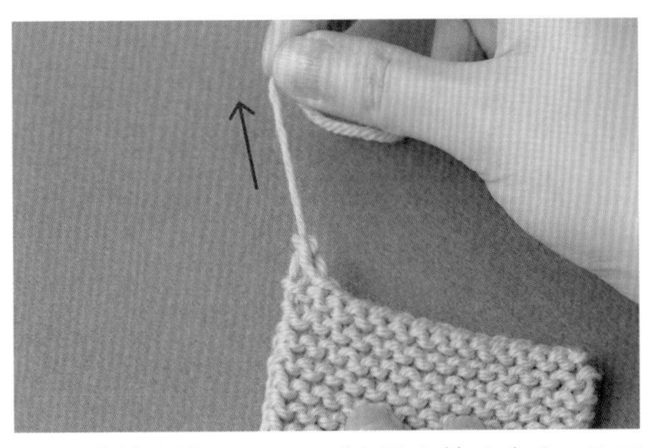

29 糸端を引いてループを引き締めます。目が止まりました。糸端はそのままにしておきます。

30 ガーター編みの正方形ができました！

トラブルシューティング

針を落としてしまいました！

針から外れた編み目は、糸を引くとどこまでもほどけてしまうので、針を落とすとヒヤッとしますが、ほどけていなければ大丈夫です！

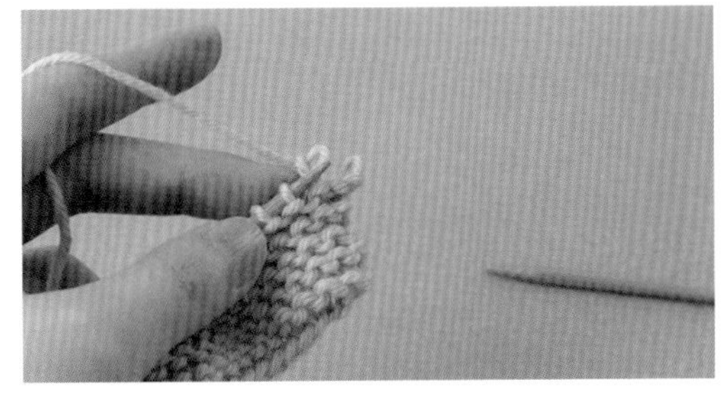

1 針を落としてしまったら、人さし指にかけた糸をゆるめます。

2 編み目がほどけていなかったらそのまま針を戻します。

棒針にかかる編み目の向き

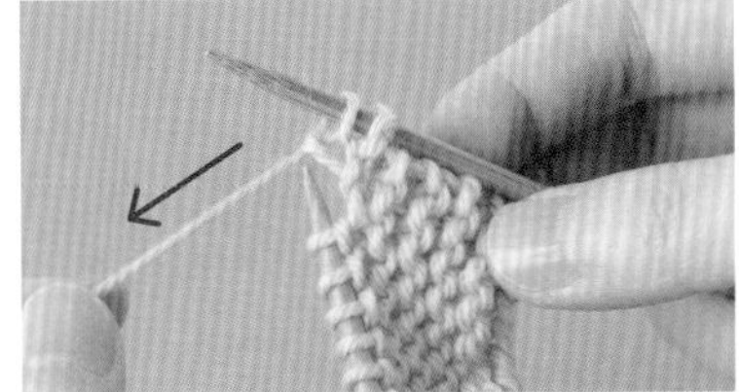

○ OK 糸を引いて編み目が棒針の手前から奥に流れればOK！

✕ NG 糸を引いて編み目が奥から手前に流れる場合は、編み目の向きが反対です。針を入れ直しましょう。

Step 2

メリヤス編み

表目だけの編み地を「メリヤス編み」と言います。ガーター編みよりもやわらかく軽い編み地で、小物からセーターまで幅広く使われている編み方です。

メリヤス編みの正方形

Step1「ガーター編み」で編んだ小さな正方形を、今度は模様を変えて編んでみましょう。指でかける作り目から始まり、伏せ止めで終わるのは一緒。メリヤス編みでは新たに「裏目（うらめ）」の編み方を学びます。

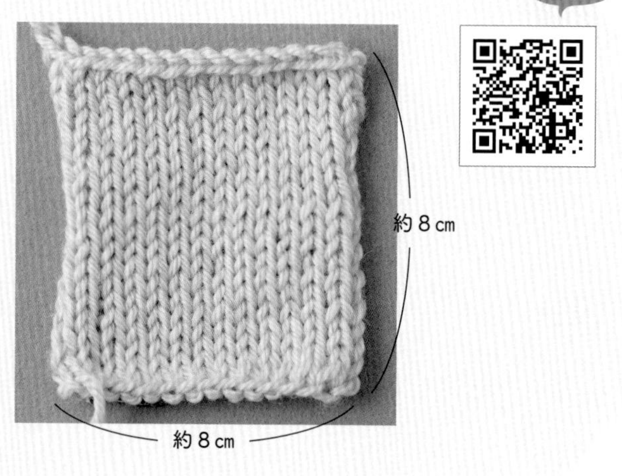

作り目を作ります

作り目を15目作りましょう。

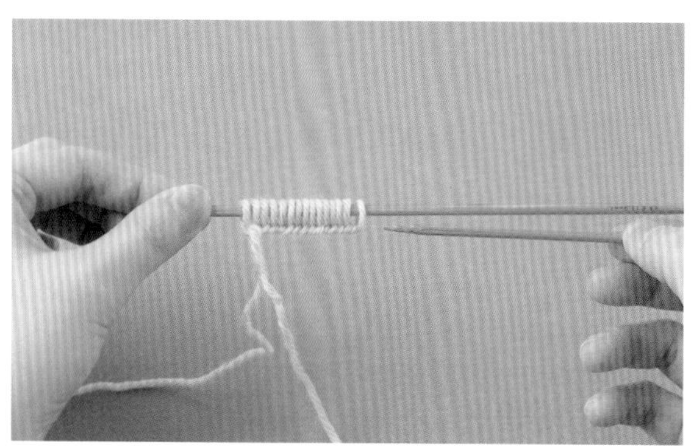

1 はじめに残す糸端はこの場合25cmが目安ですが、それでは足りない、又は余り過ぎるなど自分の手加減が見えてきたら自由に長さを変えてください。

左手に糸をかけます(裏目を編む時の糸のかけ方)

このあとに編む「裏目」のために注意することがあります。

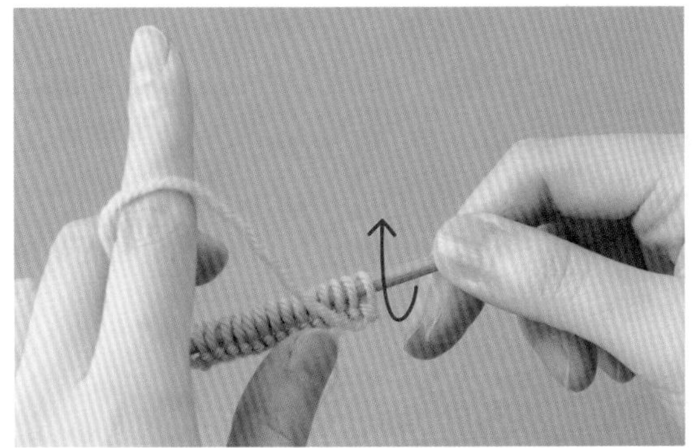

Point

左手の人さし指にかける糸は、表目の場合は針の向こう側へ持っていきますが、裏目の場合は針の手前に持っていきます。

2 糸玉側の糸を針の下から手前に持っていき、左手の人さし指にかけます。

裏目を編みます

「表目」と対になる「裏目」の編み方を覚えましょう。

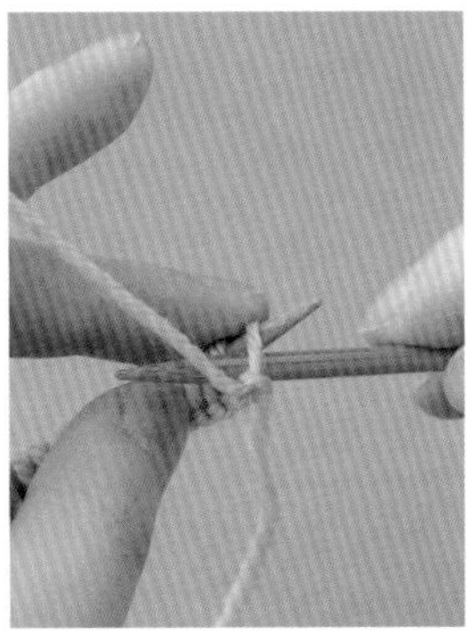

3 1目めのループに針先が向かい合う方向から右針を入れ、人さし指にかけた糸と左針の間に出します。

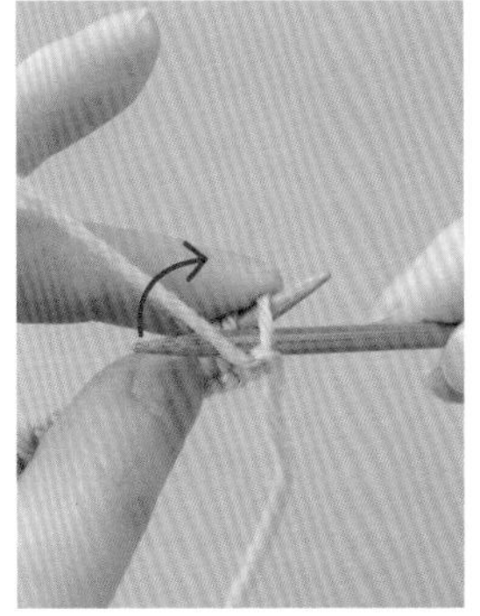

4 矢印のように右針を動かして糸をかけます。

5 糸をかけたまま、右針をループの中から引き抜きます。糸が外れやすいので他の指を使って押さえてOKです。

Point

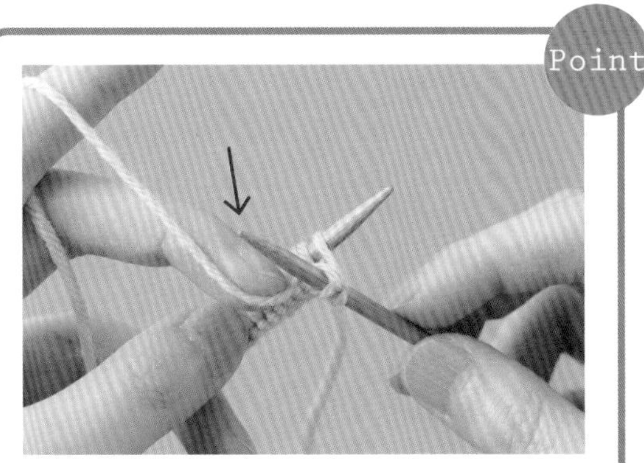

左手の中指で糸を下げるようにして押さえると、糸が外れにくいです。

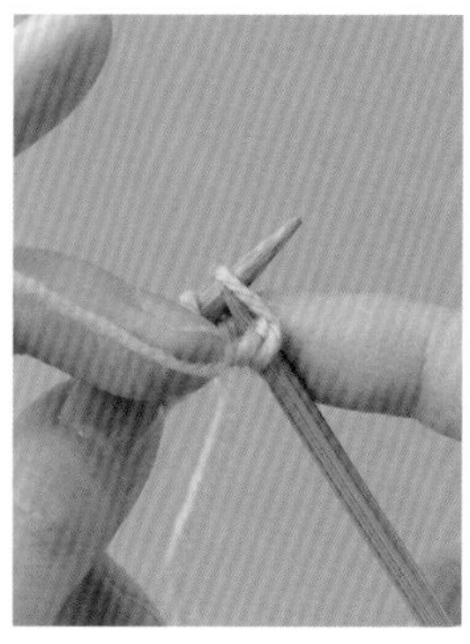
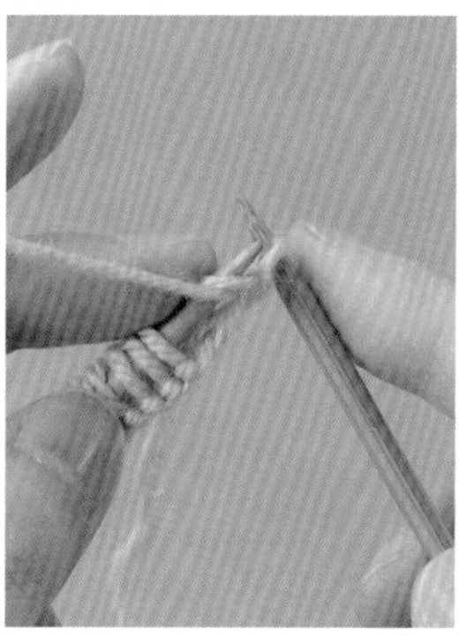

6 かけた糸はループの中から引き出します。

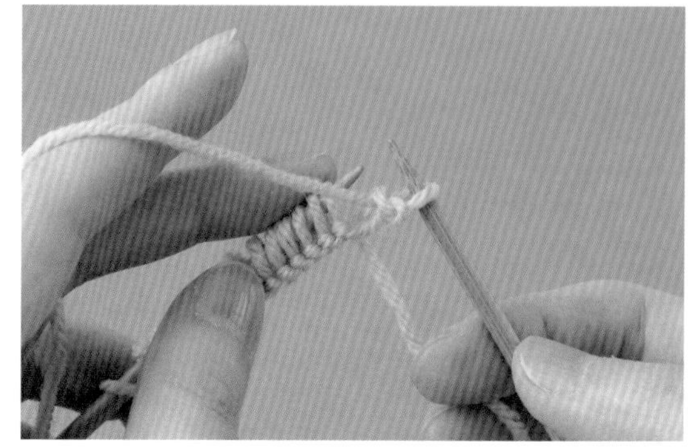

7 糸を引き出せたら左針から1目外します。裏目が1目編めました。これを繰り返します。

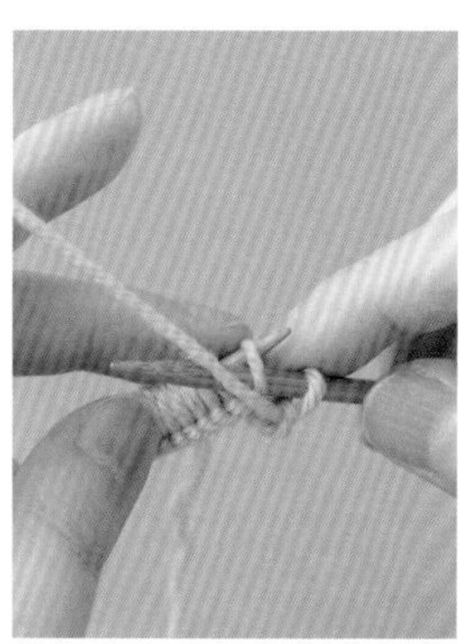
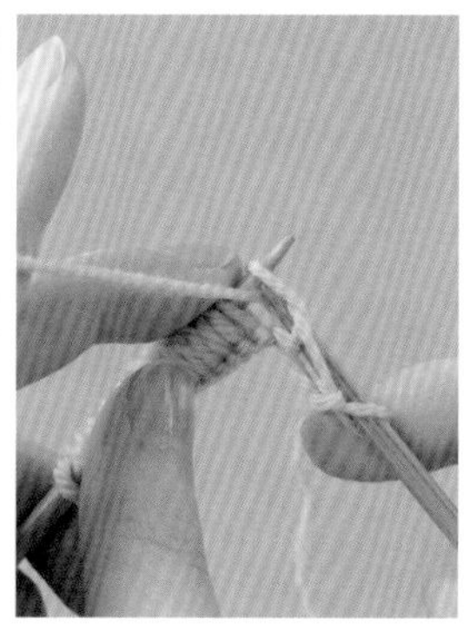

8 左針のループに右針を入れ、糸をかけて引き出します。

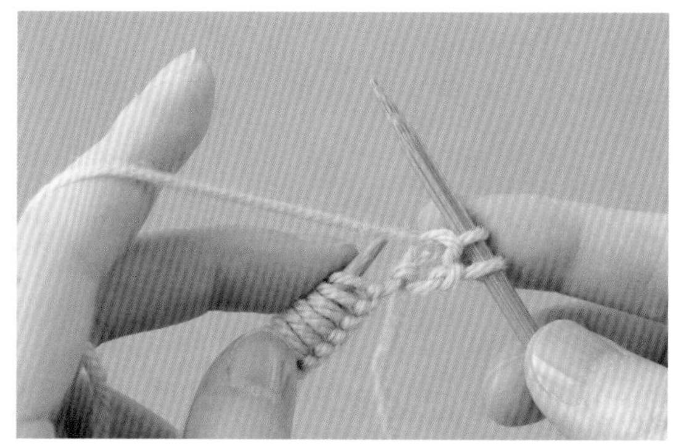

9 2目めが編めました。最後まで裏目を編んでみましょう。

10 裏目が15目編めました。

表目を編みます

表目の復習です（20ページ参照）。裏目との違いを確認しながら編んでみましょう。

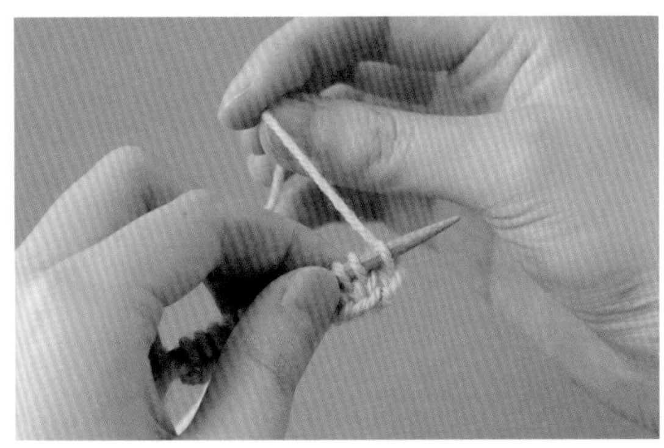

11 針を持ち替えて糸をかけ直します。表目なので糸は針の下から向こう側に持っていきます。

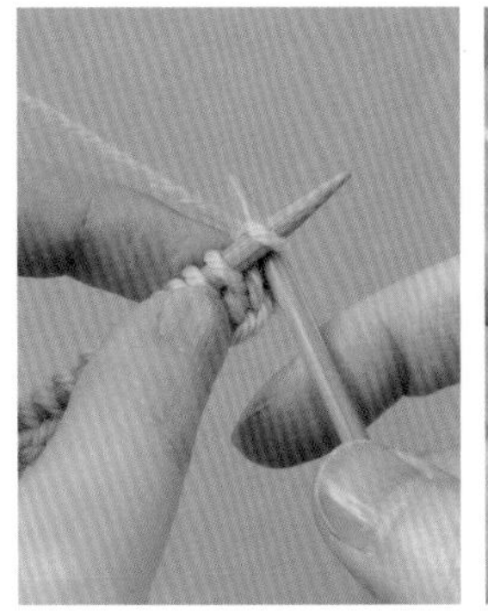

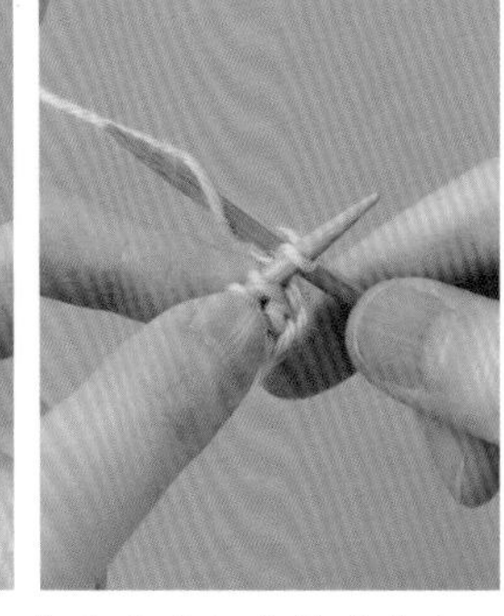

12 針先が同じ向きになるように右針を入れ、時計回りに糸をかけます。

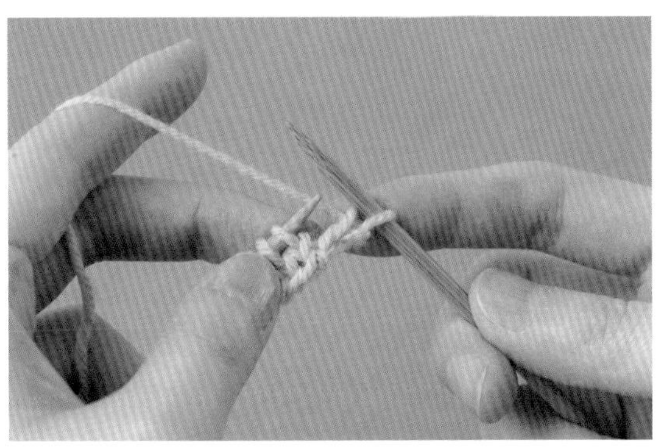

13 表目が１目編めました。最後まで表目を編んでみましょう。

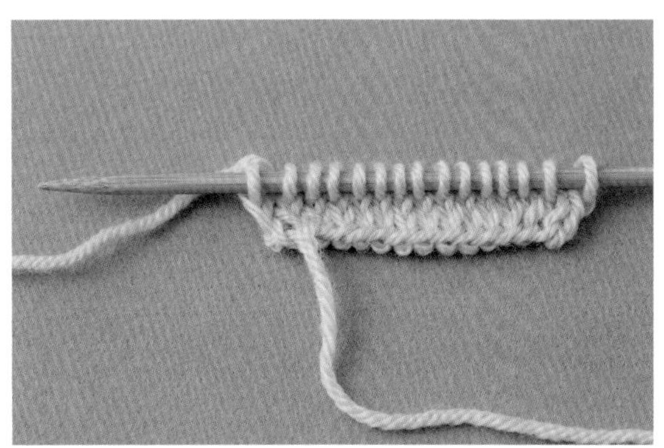

14 表目が15目編めました。

裏目と表目を交互に編みます

ここから裏目と表目を１段ずつ交互に編んでみましょう。

15 次の段の裏目が15目編めたところです。このあとも、表目と裏目を交互に繰り返し、正方形が見えてくるまで編んでみましょう。

16 だいたい正方形になったら、裏目を編んだ段で終わります（写真は20段編みました）。

＼ check ／

次に編むのは表目？ 裏目？

メリヤス編みは表目と裏目を１段ずつ交互に編みますが、どちらを編むかわからなくなったときは、編み地を確認しましょう。

左手に針を持ったときに右のA・Bどちらの編み目が見えるかで、次の段に何を編むかわかります。

A

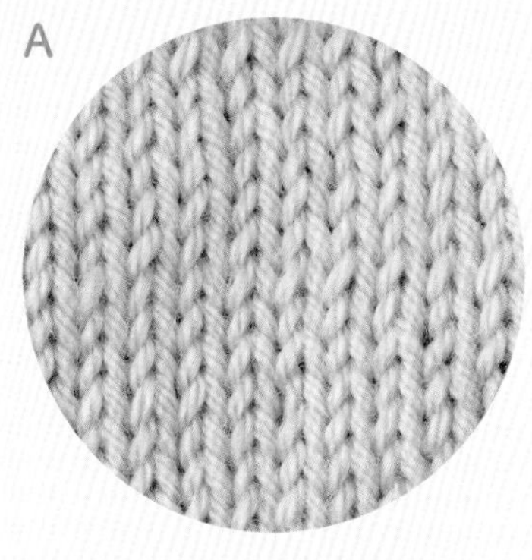

これが見えたら
次は**表目**を編む

B

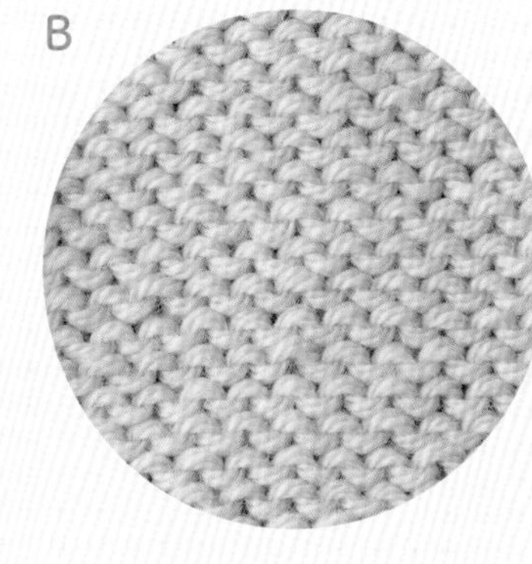

これが見えたら
次は**裏目**を編む

伏せ止めをします

最後は伏せ止めをして終わります。

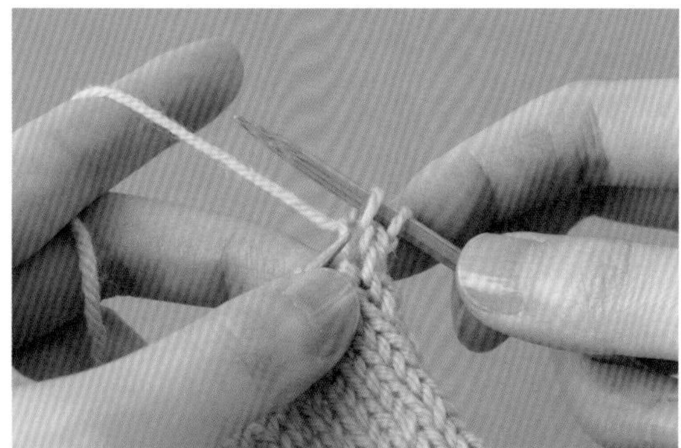

17 表目を２目編みます。

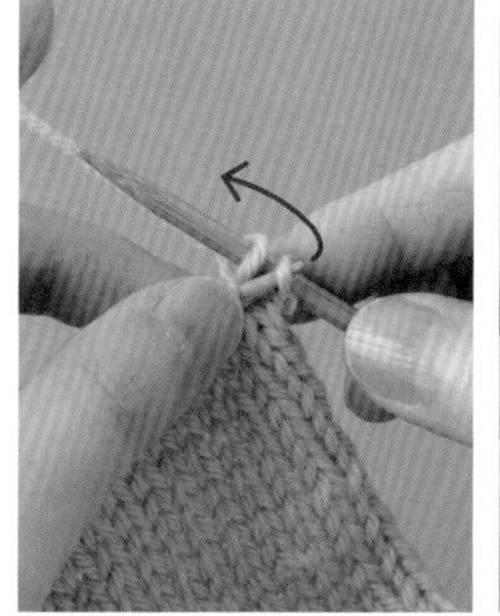

18 左針を１目めに入れ、２目にかぶせます。

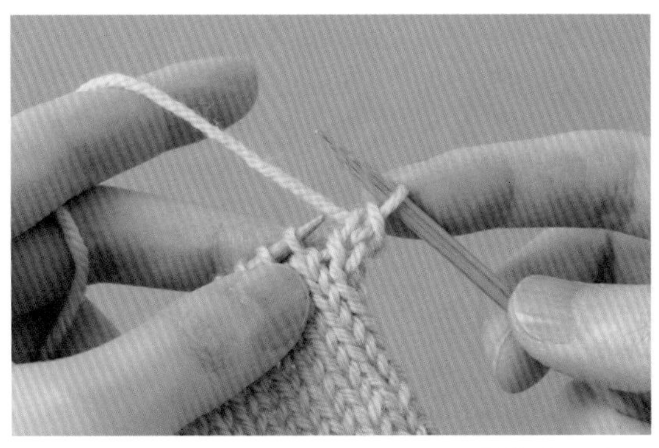

19 １目伏せ止めができました。最後まで伏せ止めをしましょう。

20 最後の目はループを少し大きくして針を外し、７〜８㎝程度のところで糸端をカットします。

21 糸端をループの中に通します。

22 糸端を引いて引き締めます。糸端はそのままにしておきます。

23 メリヤス編みの正方形が編めました！

ここまできたら覚えておきたい

棒針編みの基礎知識

ガーター編みとメリヤス編みを編んだら
針を置いて、少しひと休み。
棒針編みの本にある記号や図はどうやって見ればいい？
編み目ってどうなっているの？
編んでいる途中で糸がなくなったらどうするか？　など、
もっと編み進めるために必要なことを覚えておきましょう。

編み目の構造と目・段の数え方

棒針編みの編み目には「表目」と「裏目」があります。表目はVの字のような形をしていて、1目単位が見やすいですが、裏目は上下左右の目が重なり合っているため、表目のほうが数えやすいことがわかります。目数は横に数え、段数は縦に数えます。編み途中の場合は、棒針にかかっている目を含めて数えます。

メリヤス編み

表目と裏目は表裏一体です。メリヤス編みは表目だけの編み地ですが、裏返すと裏目だけが並んでいます。
下の写真で赤くなっている段を表目で編んだ場合、編んでいるときは表目の編み地が見えていますが、裏から見ると「裏目」の赤い段を編んでいたことになります。大事なポイントなのでゆっくり理解していきましょう。

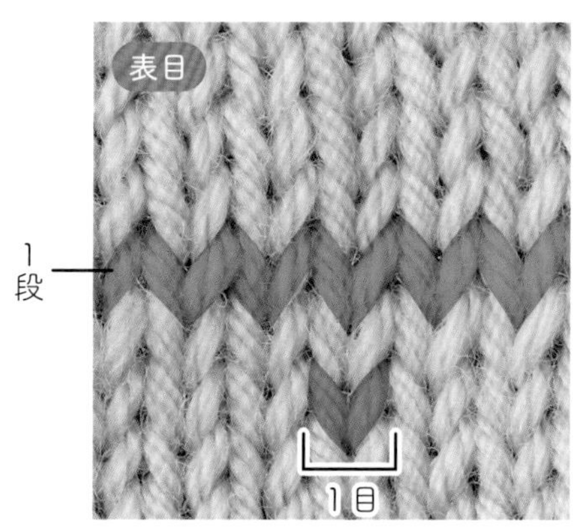

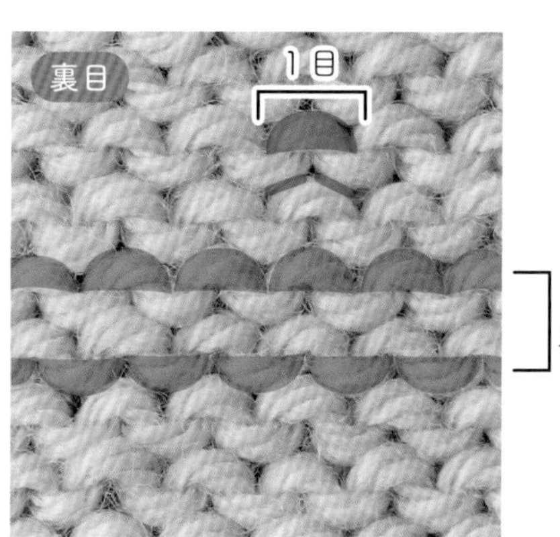

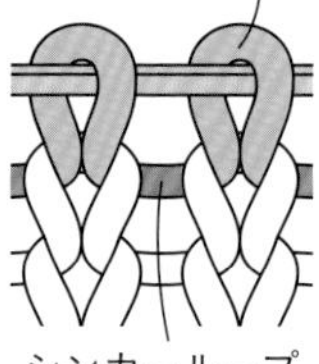

棒針にかかっているループのことを「ニードルループ」、目と目の間を渡っている糸を「シンカーループ」と呼びます。「ニードルループ」は右半分が棒針の手前になる向きで棒針にかかります。この編み目の向きは表目、裏目、その他の編み方すべて同じです。

編み目記号

編み目記号とは編み方を記号で示したもので、文章の説明がなくても記号だけでどんな編み方をしているのか知ることができる、音楽でいう音符のようなものです。
編み目記号を組み合わせることで模様やデザインも表現できるため、詳細な手順の説明がなくても同じ作品を編むことができます。表目、裏目、伏せ止めなど基本の編み方から少しずつ覚えていきましょう。
編み目記号は日本工業規格によって定められていて(JIS記号)、基本的にはどの本も同じ記号を使っています。JIS記号にないものもありますが、パッと見て「きっとこの編み方のことを言っているはず!」と想像できるものがほとんどです。編み目記号は編み物界のコミュニケーションツールといえるかもしれません。

この本で使う編み目記号

編み目記号	名称	始めに出てくるページ
|	表目	P.20
−	裏目	P.27
●	伏せ止め・伏せ目	P.23
○	かけ目	P.41
ℓ	ねじり目	P.46
<	左上2目一度	P.51
>	右上2目一度	P.52
木	中上3目一度	P.56
ω	巻き目	P.102
V	すべり目	P.104

編み図

編み図はその作品を編むための設計図のようなもので、作品を編むために必要な情報(使用する糸や針、寸法と目数・段数、模様やデザイン、編み方の種類、仕上げ方など)を知ることができます。
編み方の説明には編み目記号を使うことが多いですが、編み図自体には統一されたルールはありません。「編み図を作った人が何を伝えたいのか」を編み図全体から読み取る作業は、ときに謎解きのように思えます。
まずは簡単な編み図から謎解き方法を練習してみましょう。

基本の見方

下の図は棒針固有の編み図です。基本の見方をおさえておきましょう。

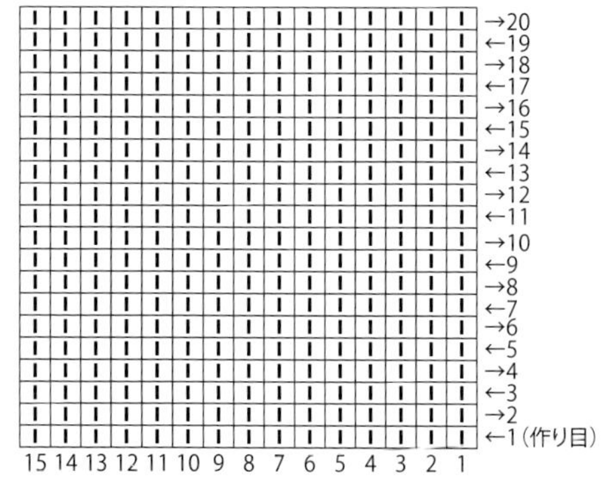

- 1マスを1つの編み目として、1マスごとに編み目記号が入っています。
- 編み目記号は、編み地を置いた時に表側に見えている編み目を表します(この編み図はすべて表目なので「メリヤス編み」です)。
- 縦が段数、横が目数を表し、1段めの1目めのマスから編み始めます。
- 段数横の矢印は編み方向を意味します。
  「←」は1目めのマスから左に進み、15目めのマスまで編む。
  「→」は15目めのマスから右に進み、1目めのマスまで編む。

ここで、これまでに編んだガーター編みとメリヤス編みを思い出してみましょう。
左針にある目を1目ずつ編んで右針に移しますが、これはすべて「←(編み地の右から左)」方向に編んでいたという意味です。「→」の段では、編み地を裏返して編んでいたはず。編み地を裏返して編むと、実際に編むのは「←」でも、編み図の上では「→」にマス目を追って編んでいることになります。

自分で編んだメリヤス編みと33ページの編み図を見比べて手順を振り返りましょう

1 指でかける作り目を15目編む。
 1段めの横に(作り目)とあるので、作り目を1段めとして数えます。

2 裏目を15目編む(2段め)
 2段めの15目めのマスから右に進み、1目めのマスまで進みます。

「表目」が並ぶのがメリヤス編みのため編み目記号は表目ですが、2段めは編み地を裏返しているためメリヤス編みの裏側を見て編むことになります。そのため、表側から見た時に表目が出るように「裏目」を編みました。
このように編み図と逆の編み目を編むことを「逆操作」と言います。編み図には「裏目を編む」とは書いていませんが、編み方向の矢印から判断して逆操作をします。

2種類の編み図を見比べてみましょう

19〜25ページで編んだ「ガーター編みの正方形」を編み図にすると以下の**A**または**B**のようになります。

図A

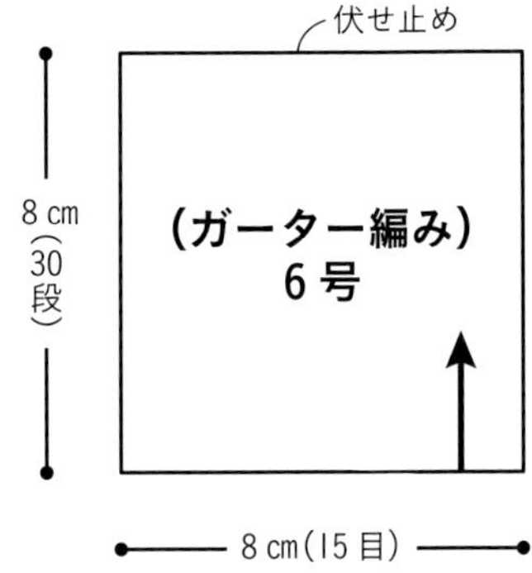

〔この編み図からわかること〕
❶図の形から幅8cm、高さ8cmの正方形であること。
❷下から伸びる矢印は正方形の底辺から「上に編み進む」という意味。
❸編み方はガーター編みで、6号とあるのは針のサイズ。
❹最後に目を止めるときは伏せ止め。

▶ ❶〜❹から6号の棒針を使ってガーター編みの正方形を編むことがわかります。ガーター編みの編み方を知っていれば、この編み図だけで同じ正方形が編めますね。
ただし人によって手加減が違うため、必ず8cmになるとは限りません。編み図の制作者は「6号で15目、30段のガーター編みを編むと8cmくらいになると想定しているけど、もしならなかったら目数や段数を増減したり、針のサイズを変えたりして調整するのは自由よ。面倒だったらなりゆきの寸法でもOK!」くらいの気持ちだったりします。
作品によっては寸法に合わせて手加減や目数・段数などを調整しないと困ることもありますが、それはもっと上級者のお話。今は編み図の通りの目数・段数で編んでみて、どのくらい差が出るのか体験してみましょう。

図B

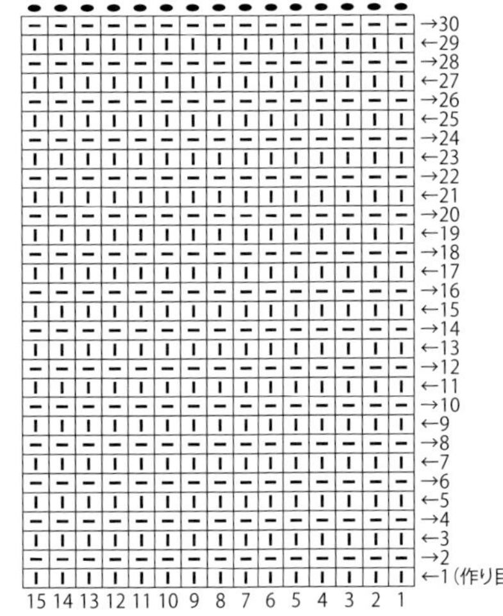

〔この編み図からわかること〕
❶四角を編むことはわかるが、実際の比率ではないので正方形かはわからない。
❷段数の横の矢印から、1段ごとに編み地を返しながら編む「往復編み」であること。
 ※ここで**図A**を見てみると、1段ごとの編み方向は記載されていません。形が四角であることと、下から上に伸びるひとつの矢印だけで往復編みと判断します。
❸表目と裏目が1段ごとに交互になっていることからガーター編み。編み目記号は凡例があるので確認できる。
❹伏せ止めの記号があることから、最後に目を止めるときは伏せ止め。

▶ ❶〜❹から、次のように編むことがわかります。
- 作り目を15目編みます。
- 偶数段は裏目の逆操作で表目を編みます。
- 奇数段は編み目記号通り表目を編みます。
- 30段まで編んだら伏せ止めをします。

輪編みの場合

4本または5本針や輪針を使い、毎段同じ方向に編むのが「輪編み」です。往復編みは平らな編み地になりますが、輪編みは筒状に編むことができるため、靴下やミトンを編む際などに使われます。

編み図

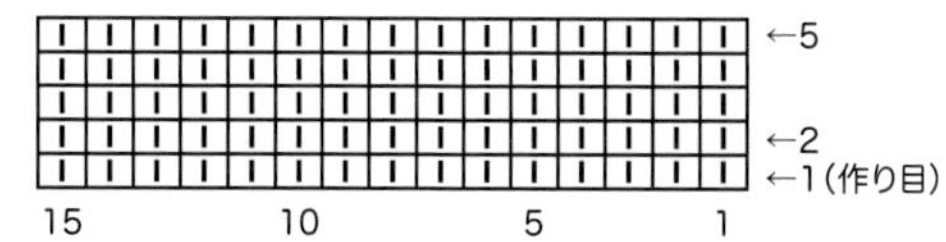

毎段編み地の表側を見ながら編むため、この場合は表目を繰り返し編みます。

表目と裏目だけでできる模様

表目と裏目の組み合わせによってさまざまな模様を作り出すことができます。

かのこ編み

編み図

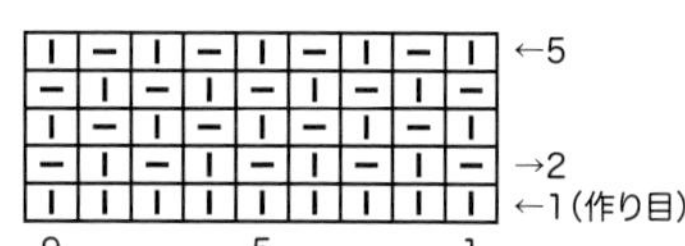

実際の編み方

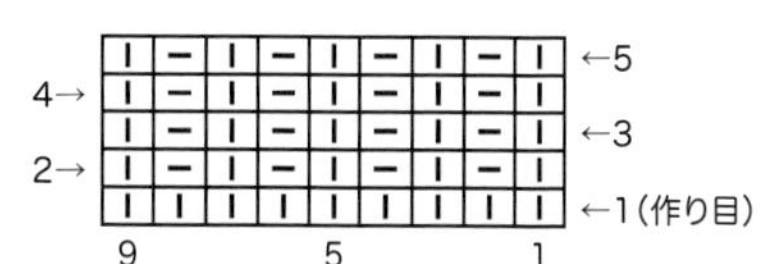

表目と裏目を縦横交互に編む模様で、上の編み図は表目1目と裏目1目の縦横交互ですが、2目2段を組み合わせたかのこ編みもあります。

1目ゴム編み

編み図

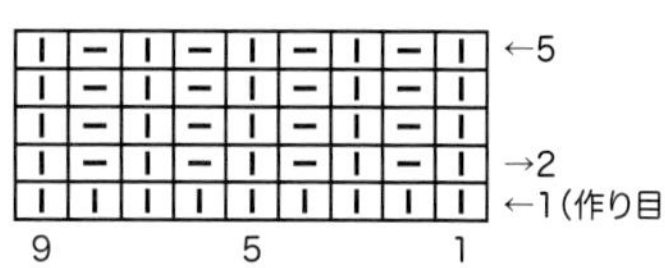

実際の編み方

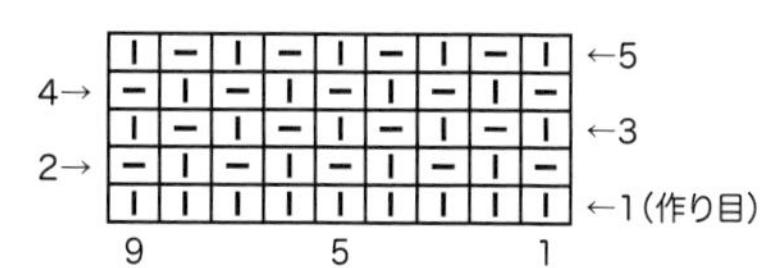

表目と裏目を1目ずつ交互に繰り返して、縦方向に畝ができるようにした伸縮性のある編み地。表目と裏目を2目ずつ繰り返す2目ゴム編みもあります。

表3目＋裏2目の変わりゴム編み

編み図

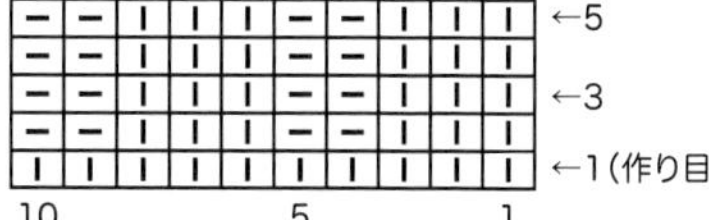

実際の編み方

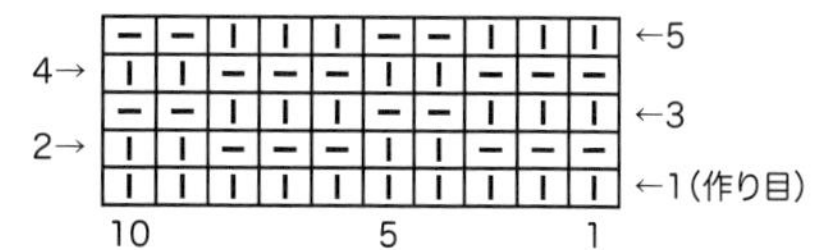

表目3目と裏目2目を繰り返して編む、ゴム編みの変則形。アームウォーマー(78ページ)でこの模様を使っています。

棒針編み共通の
トラブルシューティング

針から外れた編み目がほどけてしまった

ここではほどけたところだけを編み直す方法を紹介します。ある程度棒針に慣れていないと難しいやり方ですが、知っていると役に立ちます。もし難しいと感じたらほどけた段まで戻って編み直しましょう。

右の写真のように、左針から1目外れて前段の編み目がほどけたケースを例に説明します。

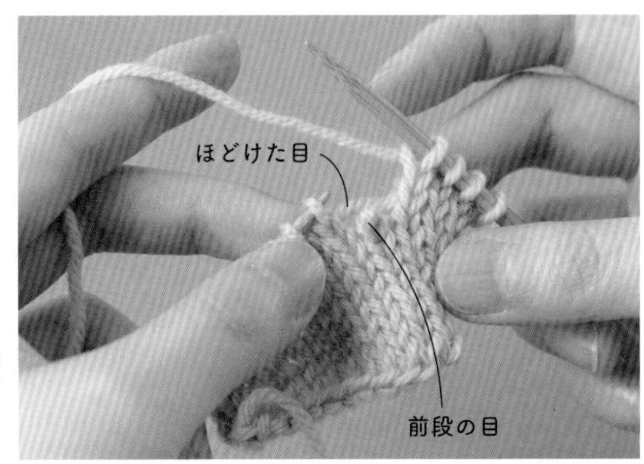

❶棒針だけで直す

1 落ちた目(針から外れてループの形が残っている直近の段の目)に左針を入れます。

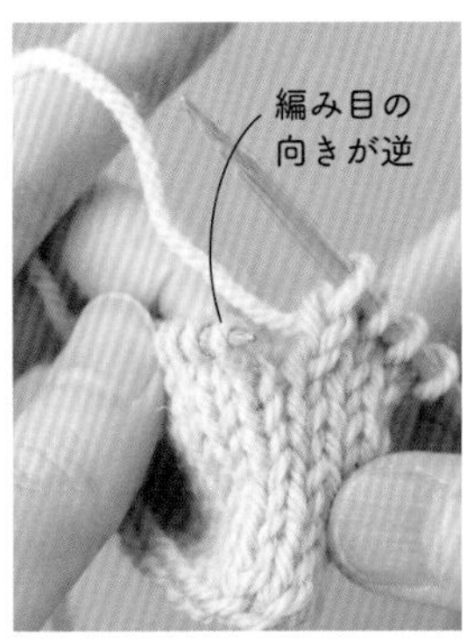

2 編み目の向きが逆だった場合は右針に移し替えて向きを直し、左針に戻します。

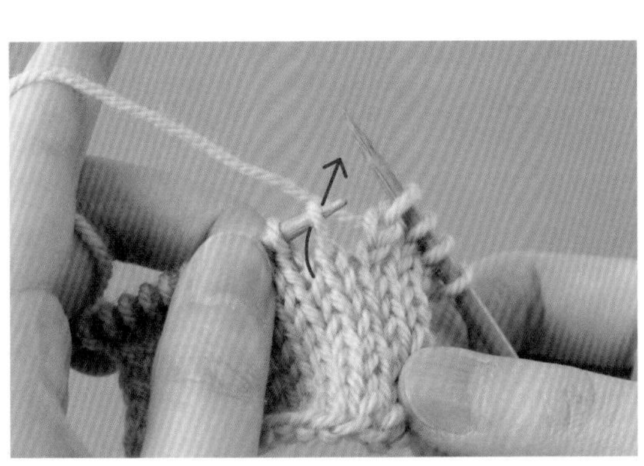

3 右針を入れて編み直します。写真は表目がほどけているため、表目を編むように針を入れます。

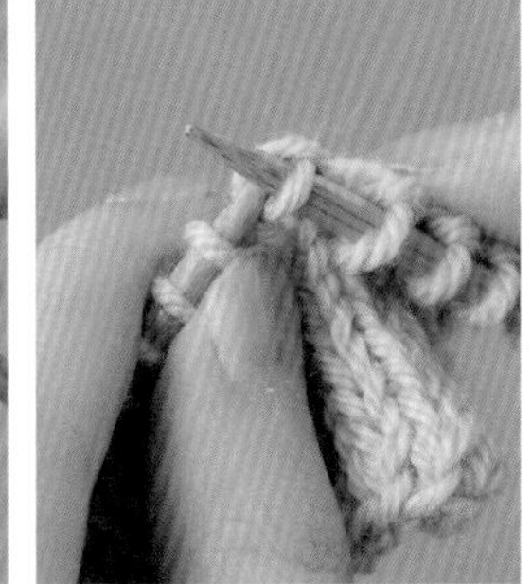

4 裏側に渡っている糸(ほどけた目)を落ちた目の中から引き出します。

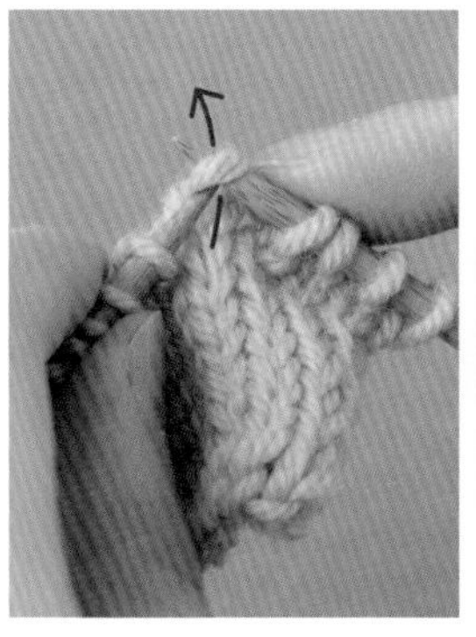

5　引き出した目の向きを確認して左針に移します(写真は目の向きが逆だった場合です)。

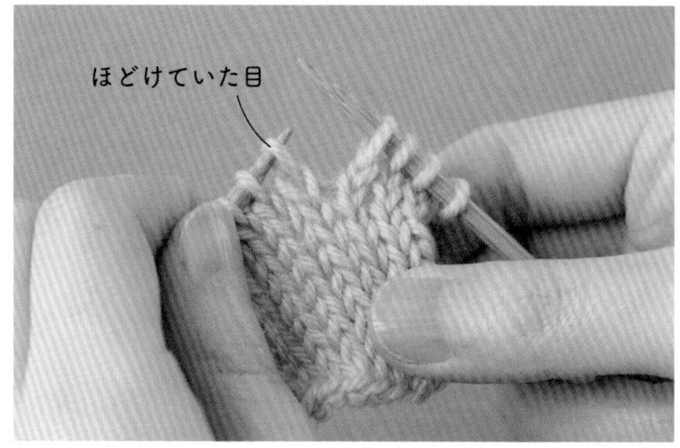

6　ほどけた目が編めました。

❷かぎ針を使って直す(かぎ針を持っている場合)

1　落ちた目にかぎ針を入れます。このあとの工程でねじれないように、棒針とは逆の編み目の向きになるように入れます。

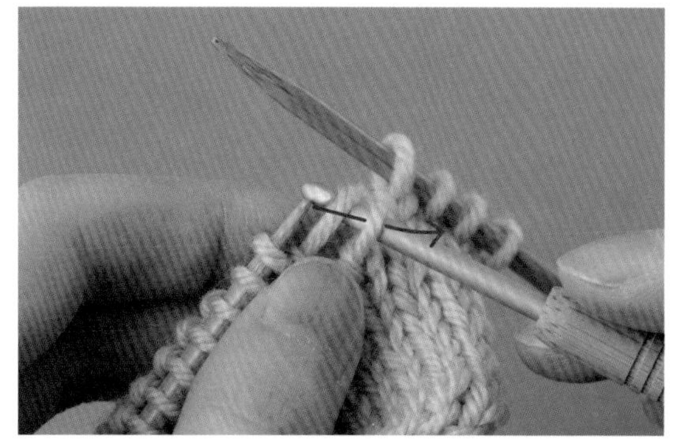

2　裏で渡っている糸をかぎ針にかけて、落ちた目の中から引き出します。

3　引き出した糸を編み目の向きを確認しながら左針に移します。

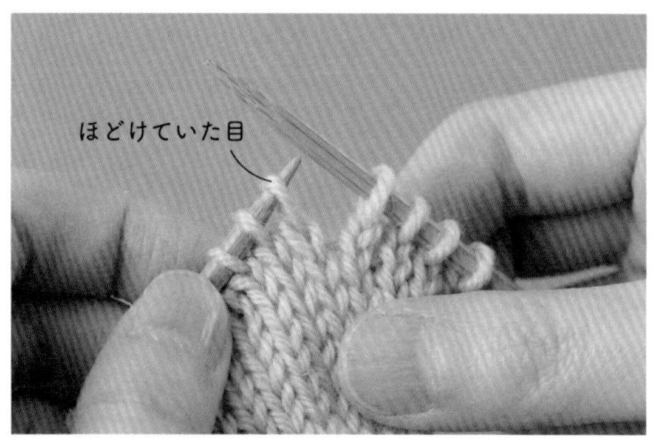

4　ほどけた目が編めました。

棒針編み共通のトラブルシューティング

新しい糸に替える

途中で糸がなくなるなどして糸を替える場合、いくつかやり方がありますが、この本では以下の方法で糸を替えます。

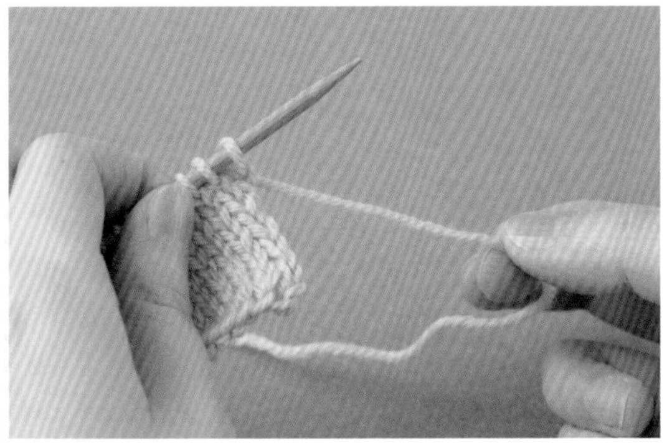

1　糸を替えるところは編み目が崩れやすいため、あまり目立たない端で糸を替えます。

2　1段編みきったら糸を置きます。糸端が約10cm以上残るところで止めましょう。

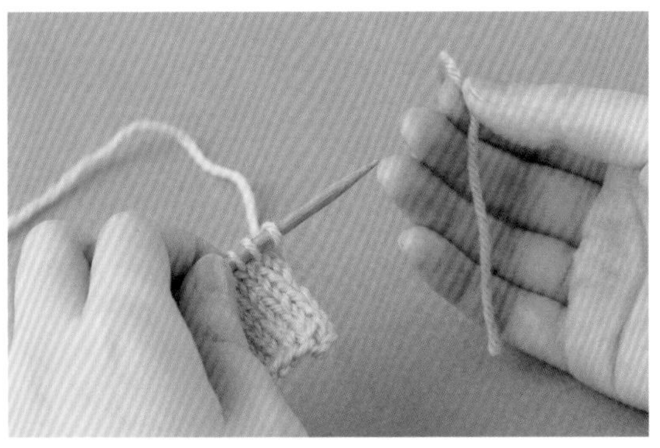

3　新しい糸に持ち替えます(わかりやすいように糸の色を変えています)。糸端は10cmくらい残してから使います。

4　人さし指の糸が張るように他の指で押さえましょう(写真は表目を編む持ち方ですが、裏目の場合は糸を手前にして押さえます)。

5　続きを編みます。編み始めは人さし指の糸を引きすぎると糸端が抜けてしまうため、2～3目編んでから目のサイズを整えましょう。

糸玉から結び目が出てきたら

編んでいる途中で、結び目が出てきたらほどくか、結び目部分をカットして使います。

1　編んでいる途中で結び目が出てくることがあります。

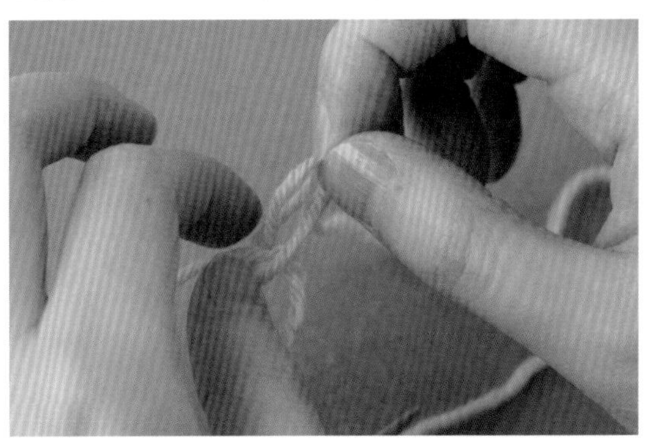

2　結び目をほどくか、結び目部分をカットして取り除きます。

3　新しい糸に替えるときと同様にして編み始めます。

編み途中で休む時は

編んでいる途中で休んだり持ち歩きたい時は、棒針から目が外れないようにしておきます。

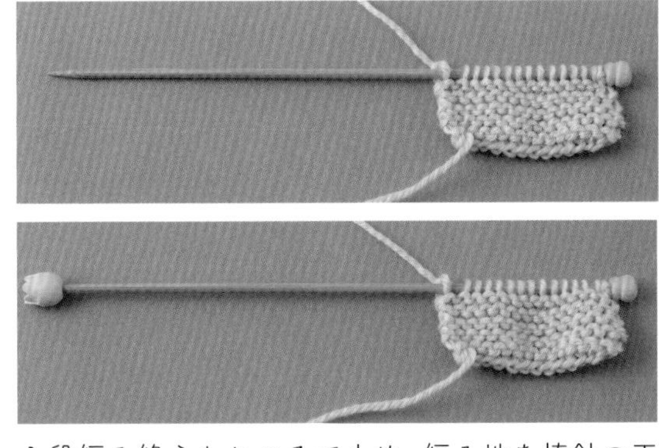

1段編み終えたところで止め、編み地を棒針の玉がついた側に寄せておきます。棒針キャップをしてふたをすれば、より安心です。

なるべく段の途中で止めないようにしましょう。やむを得ず中断する場合は、再開するときに逆走しないよう、編み地を返さずそのまま置いておきます。また、テンションが変わって編み目が崩れやすいので、編み目のサイズも意識して編み始めましょう。

Step 3

増し目と減らし目

これまで編んできた正方形は同じ目数のまま真っすぐ編みましたが、1目から数目を編み出すことで目を増やしたり(増し目)、数目を1目にまとめて編むことで目を減らしたり(減らし目)することでさまざまな形を編むことができます。三角形や台形など3種類のモチーフを編んでみましょう。

このページから編み図が登場！　編み図と写真の手順を見比べながら編み図に少しずつ慣れていきましょう。

A ガーター編みの三角形(かけ目の増し目)

片側でかけ目をして目を増やし、三角形を編みましょう。

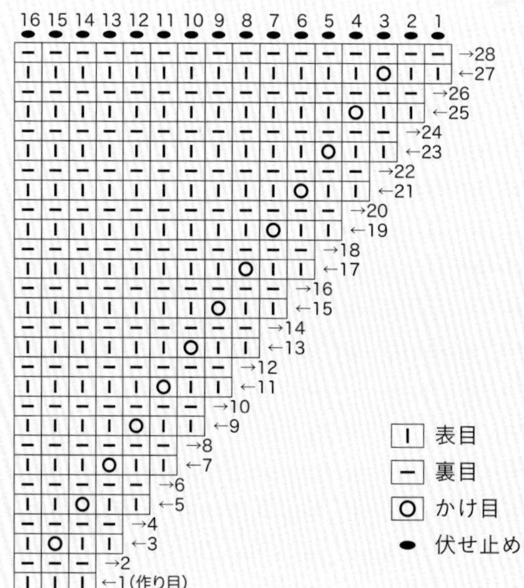

作り目を作ります

指でかける作り目から始めましょう。

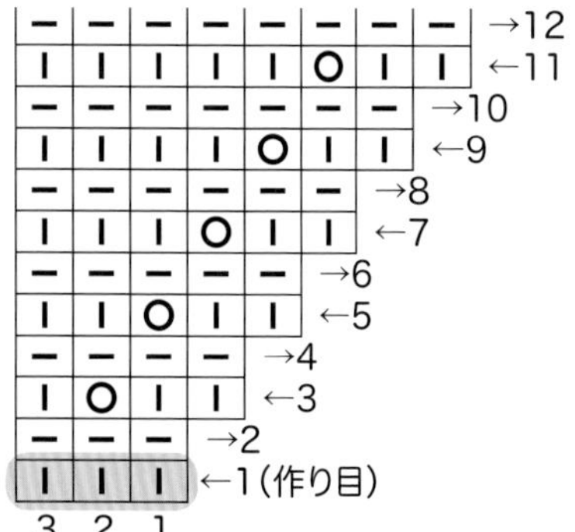

1　糸端を約15cm残してから始め、指でかける作り目を3目作ります。これが1段めです。

2段めを編みます

2段めは編み方向が「→」で裏側を見ながら編む段なので逆操作で編みます。

−	−	−	−	−	−	−	−	→12
I	I	I	I	I	O	I	I	←11
−	−	−	−	−	−	−	→10	
I	I	I	I	O	I	I	←9	
−	−	−	−	−	−	→8		
I	I	I	O	I	I	←7		
−	−	−	−	−	→6			
I	I	O	I	I	←5			
−	−	−	−	→4				
I	O	I	I	←3				
−	−	−	→2					
I	I	I	←1(作り目)					
3	2	1						

2　編み目記号は裏目ですが表目を3目編みます。

3段めで目を増やします

編み目記号通りに編みます。3目めに「かけ目」をして目を増やします。

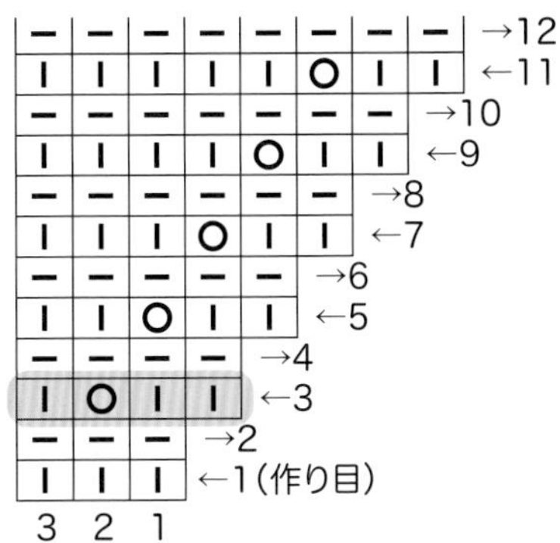

−	−	−	−	−	−	−	−	→12
I	I	I	I	I	O	I	I	←11
−	−	−	−	−	−	−	→10	
I	I	I	I	O	I	I	←9	
−	−	−	−	−	−	→8		
I	I	I	O	I	I	←7		
−	−	−	−	−	→6			
I	I	O	I	I	←5			
−	−	−	−	→4				
I	O	I	I	←3				
−	−	−	→2					
I	I	I	←1(作り目)					
3	2	1						

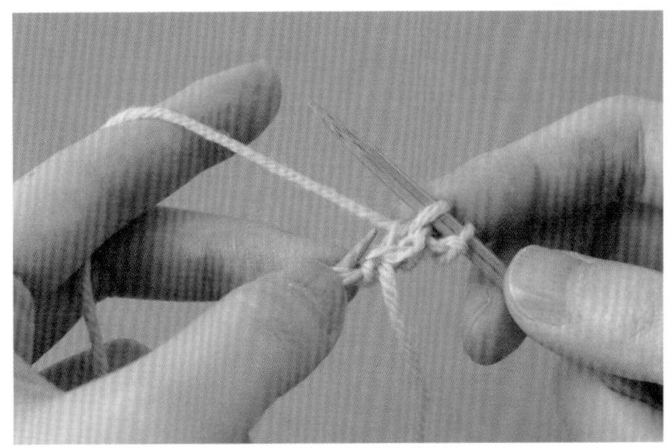

3　表目を2目編みます。

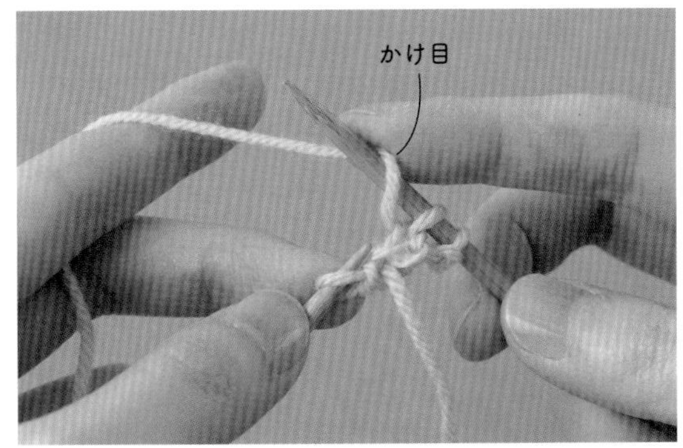

4　右針の手前から向こう側に糸をかけます（かけ目）。これで1目増えたことになります。

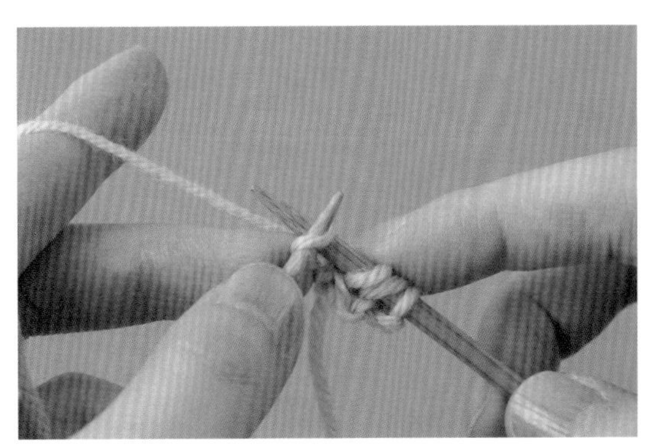

5　次は表目を1目編みます。かけ目が落ちないように右手の人さし指で押さえながら編みましょう。

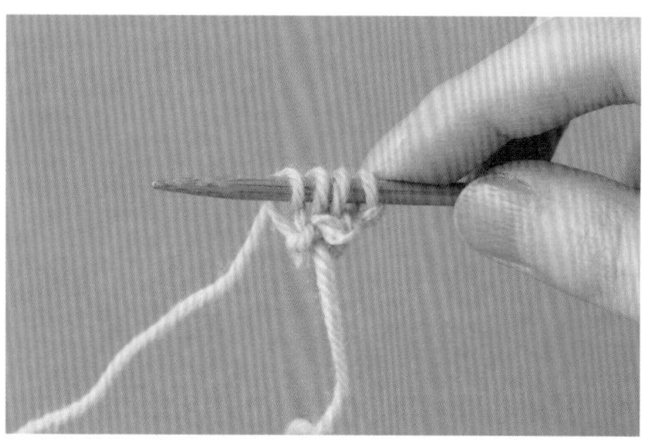

6　3段めが編み終わったところです。1目増えて4目になりました。編み図も1マス増えて4マスになっています。

＼ check ／

- かけ目をするのは奇数段だけ。すべて3目めにかけ目をするので、どの段も「表目2目を編んだらかけ目を1目して、残りは表目で編む」を繰り返せばOK！

4段めを編みます

偶数段なので目は増やさず、前段と同じ目数を編みます。

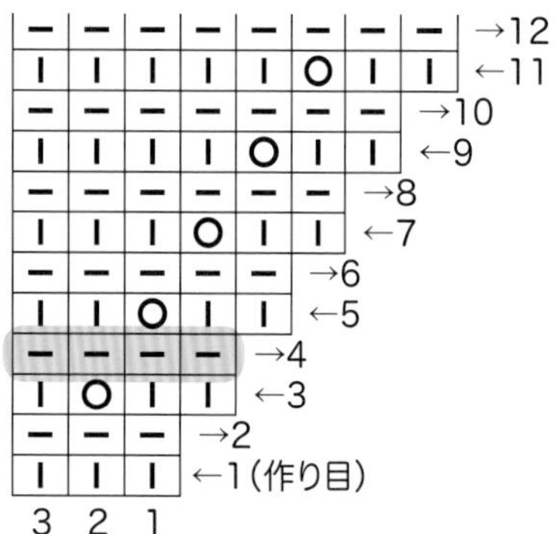

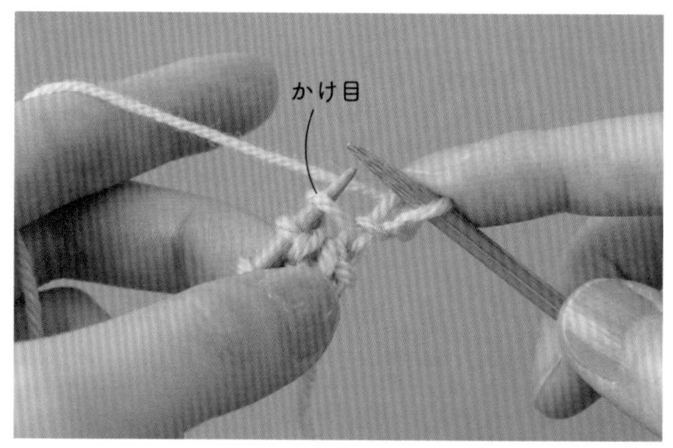

7　表目を編みます。前段でかけ目をした目も同じように針を入れて編みます。

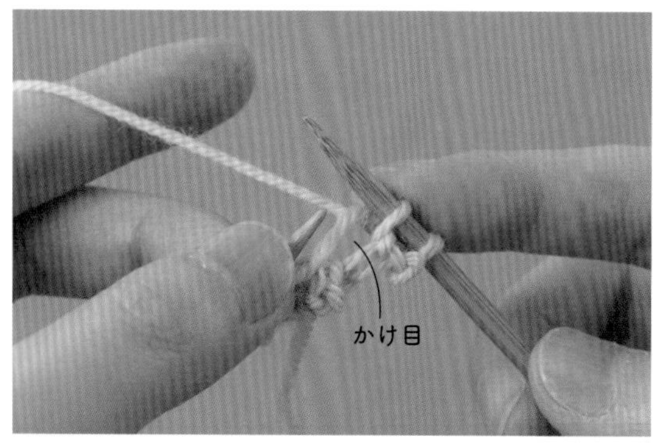

8　前段のかけ目に表目が編めたところです。かけ目の空間ができます。

9　4段めが編めたところです。

5段めで目を増やします

奇数段なので3目めでかけ目をします。

−	−	−	−	−	−	−	−	→12
｜	｜	｜	｜	｜	○	｜	｜	←11
−	−	−	−	−	−	−	→10	
｜	｜	｜	｜	○	｜	｜	←9	
−	−	−	−	−	−	→8		
｜	｜	｜	○	｜	｜	←7		
−	−	−	−	−	→6			
｜	｜	○	｜	｜	←5			
−	−	−	−	→4				
｜	○	｜	｜	←3				
−	−	−	→2					
｜	｜	｜	←1(作り目)					
3	2	1						

10 表目を2目編み、かけ目をします。

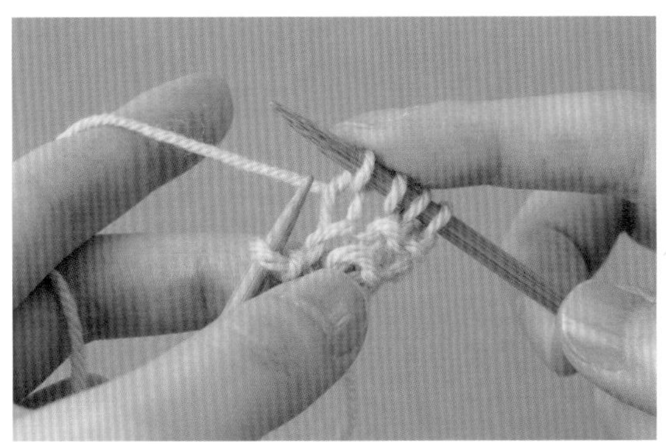

11 残りの目は表目で編みます。

12 5段めが編めました。1目増えて5目になりました。編み図も1マス増えて5マスになっています。

28段めまで編みます

続きも同じように編んでみましょう。

13 写真は18段編んだところです。

Point

表から見ると、右側がだんだん斜めになっていきます。穴が開いているところがかけ目をした部分になります。
何段めを編んでいるかわからなくなったら、斜めになっている側から編む場合は奇数段、真っすぐになっている側から編む場合は偶数段と覚えるとよいでしょう。

14 28段めまで編めました。16目まで増えました。

伏せ止めをします

最後は伏せ止めをして終わります（伏せ止めのやり方は23ページ）。

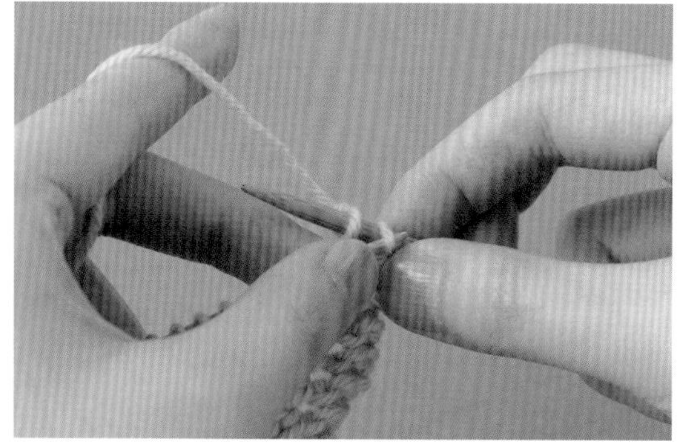

15 表目を２目編み、１目めをかぶせます。

16 16目分伏せ止めをしましょう。最後は目を止めて、糸端はそのままにしておきます。

17 ガーター編みの三角形が編めました！

B ガーター編みの台形（ねじり増し目）

シンカーループをねじって作る増し目をして台形を編みましょう。

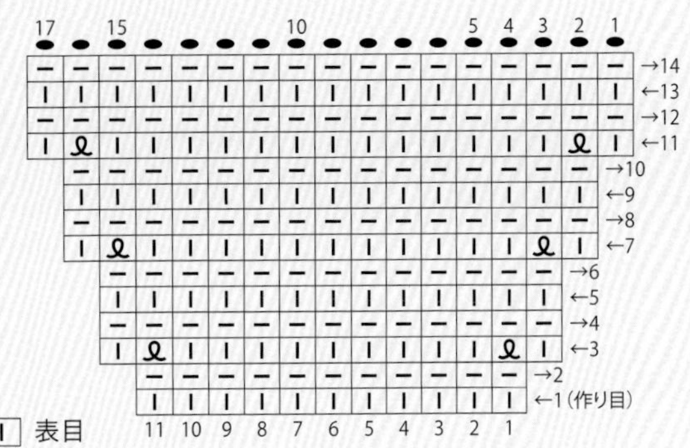

作り目を作ります

指でかける作り目から始めます。

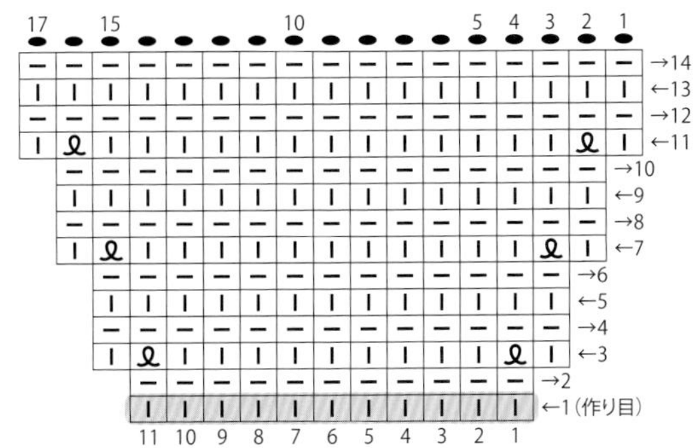

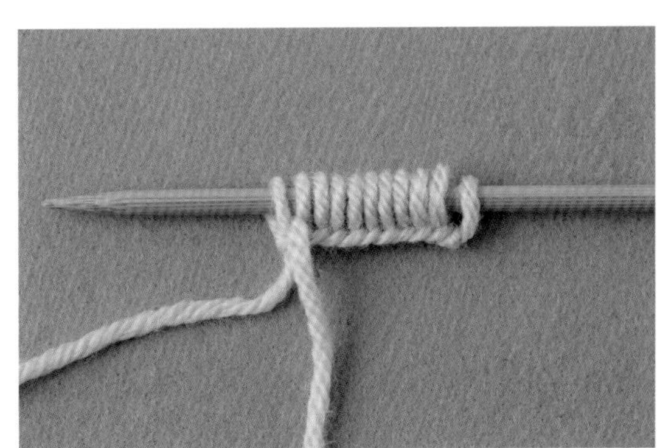

1　糸端は約15cm残してから始め、指でかける作り目を11目作ります。

2段めを編みます

2段めは編み方向が「→」で裏側を見ながら編む段なので逆操作で編みます。

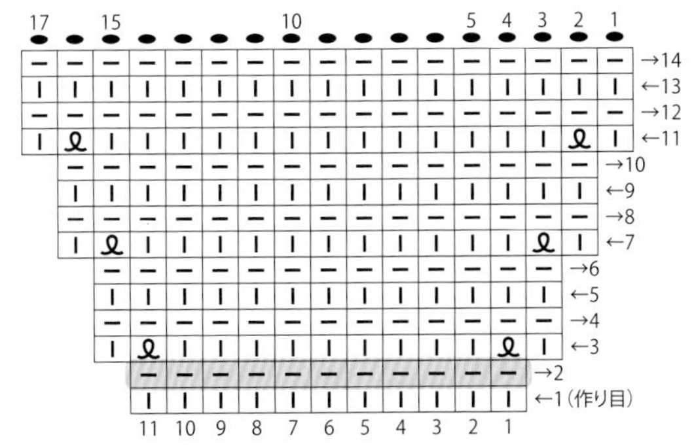

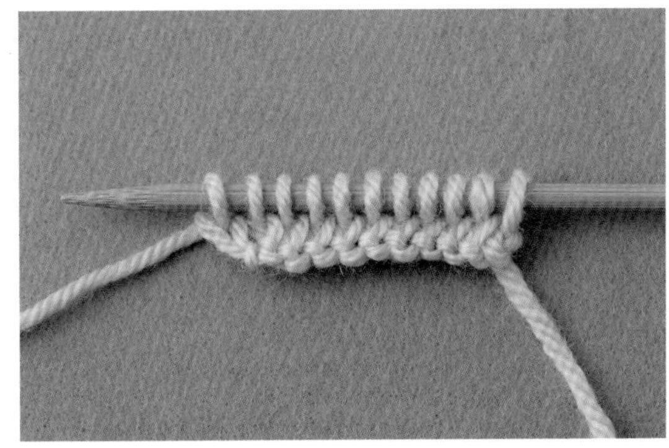

2　表目を11目編みます。ガーター編みなので、このあとも表目を編んでいきます。

3段めは両端でねじり増し目をします

両端から2目めで「左ねじり増し目」と「右ねじり増し目」を編んでみましょう。

17		15					10					5	4	3	2	1	
●	●	●	●	●	●	●	●	●	●	●	●	●	●	●	●	●	
—	—	—	—	—	—	—	—	—	—	—	—	—	—	—	—	—	→14
I	I	I	I	I	I	I	I	I	I	I	I	I	I	I	I	I	←13
—	—	—	—	—	—	—	—	—	—	—	—	—	—	—	—	—	→12
I	ℓ	I	I	I	I	I	I	I	I	I	I	I	I	I	ℓ	I	←11
	—	—	—	—	—	—	—	—	—	—	—	—	—	—	—		→10
	I	I	I	I	I	I	I	I	I	I	I	I	I	I	I		←9
	—	—	—	—	—	—	—	—	—	—	—	—	—	—	—		→8
	I	ℓ	I	I	I	I	I	I	I	I	I	I	I	ℓ	I		←7
		—	—	—	—	—	—	—	—	—	—	—	—	—			→6
		I	I	I	I	I	I	I	I	I	I	I	I	I			←5
		—	—	—	—	—	—	—	—	—	—	—	—	—			→4
		I	ℓ	I	I	I	I	I	I	I	I	I	ℓ	I			←3
			—	—	—	—	—	—	—	—	—	—	—				→2
			I	I	I	I	I	I	I	I	I	I	I				←1(作り目)
			11	10	9	8	7	6	5	4	3	2	1				

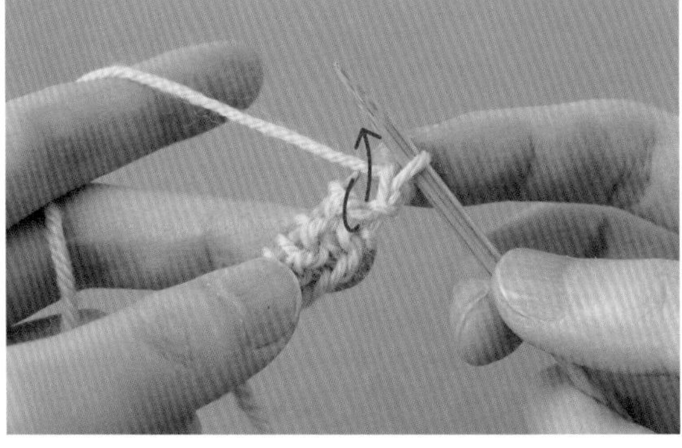

3 表目を1目編み、1段下のシンカーループ(1目めと2目めの間に渡っている糸)を手前から左針で引き上げます。

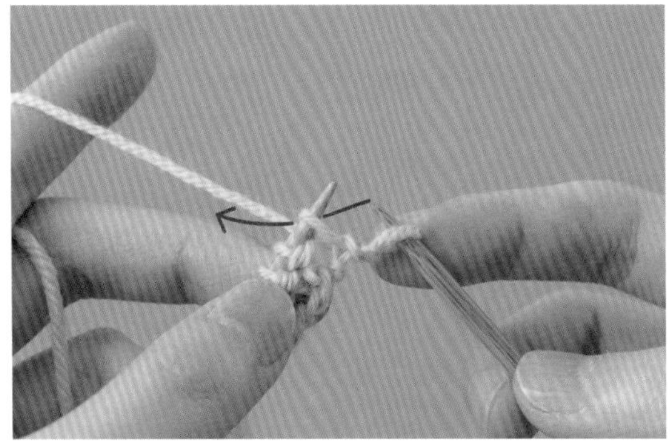

4 引き上げたシンカーループに矢印のように右針を入れ、左針の向こう側に出します。

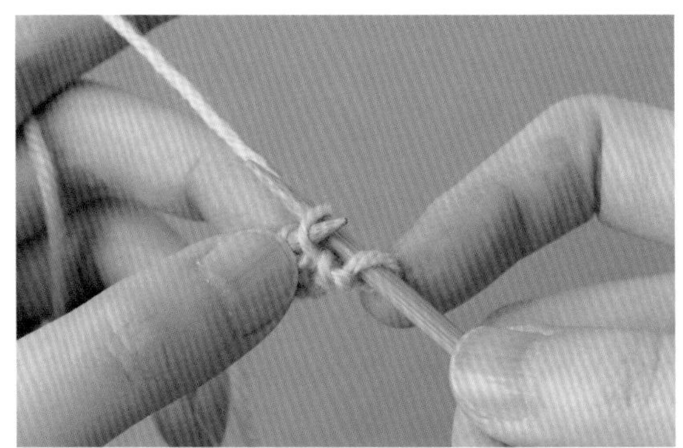

5 針先が向かい合う方向から右針を入れたら表目を編みます。

Point

シンカーループを左針で引き上げるのが難しい場合は、一度右針で引き上げてから、左針に移してもよいでしょう。

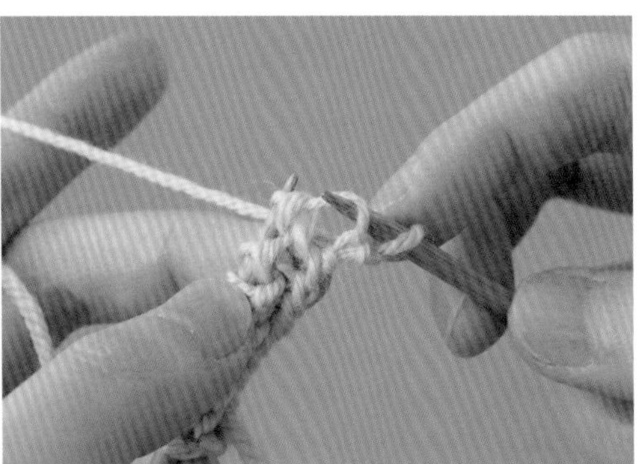

1 シンカーループに向こう側から右針を入れて引き上げます。

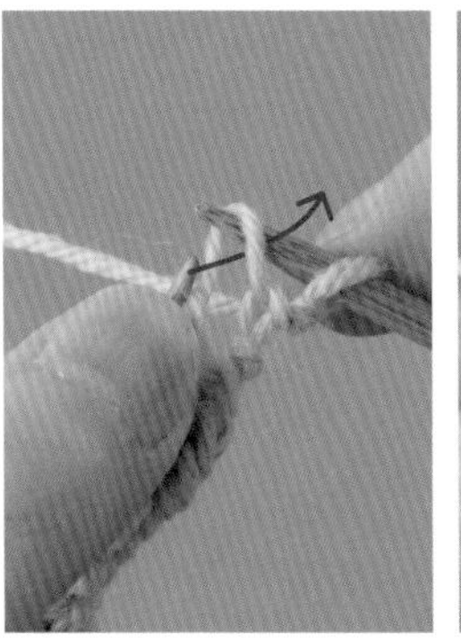

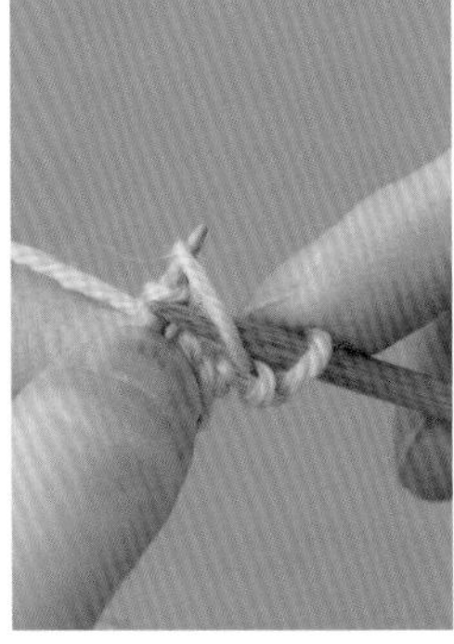

2 針先が向かい合う方向から左針を入れて移します。

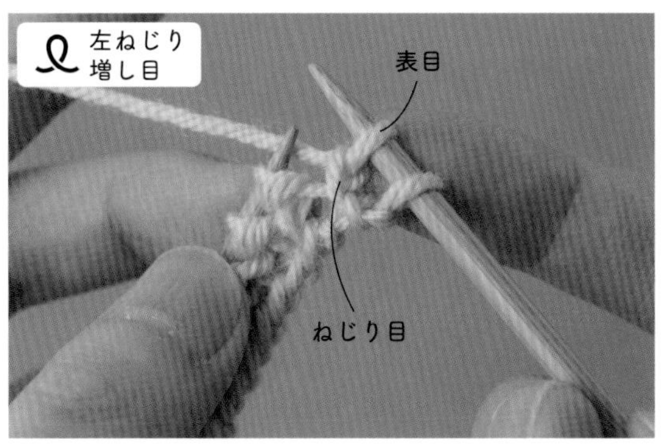

6 表目を編んだところです。1段下のシンカーループがねじれ、1目増えました。これが「左ねじり増し目」です。

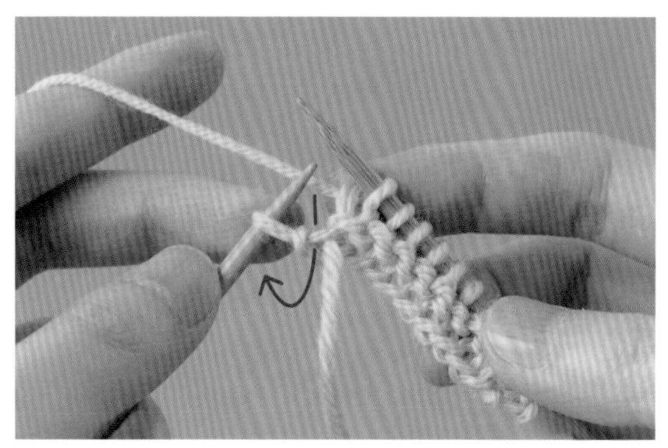

7 残り1目まで表目を編み、1段下のシンカーループを向こう側から左針で拾います(3とは逆向き)。

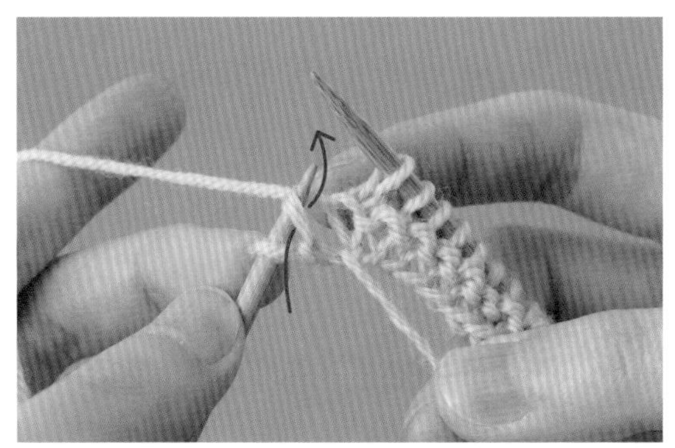

8 目の向きが逆になりました。引き上げたシンカーループに矢印のように右針を入れます(通常の表目と同じ)。

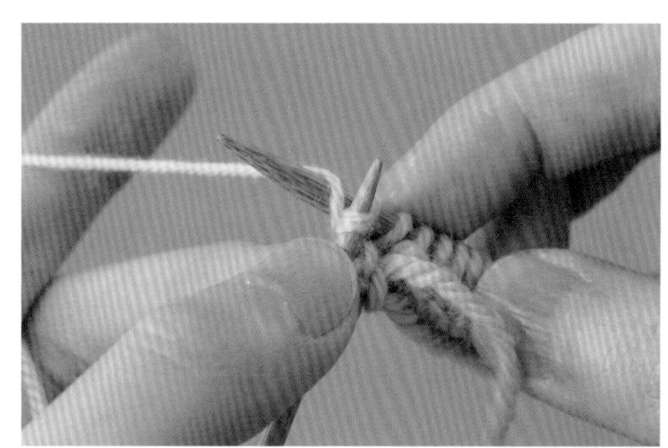

9 表目を編みます。

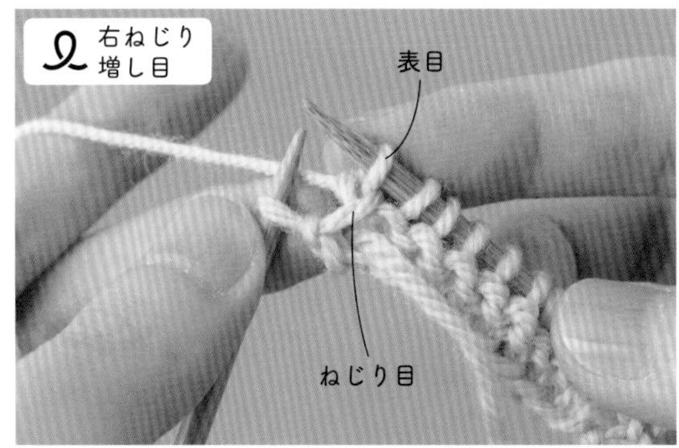

10 表目を編んだところです。6とは反対回りでねじれ、1目増えました。これが「右ねじり増し目」です。

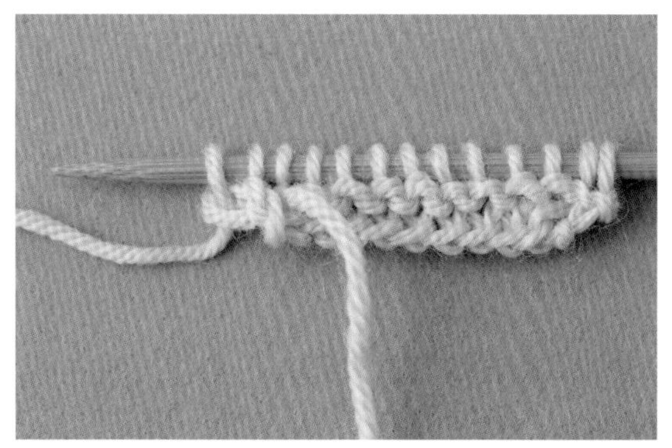

11 最後に表目を1目編み、3段めが編めたところです。2目増えて13目になりました。編み図も両端に1マスずつ増えています。

4〜6段めを編みます

同じ目数のまま表目を編みます。

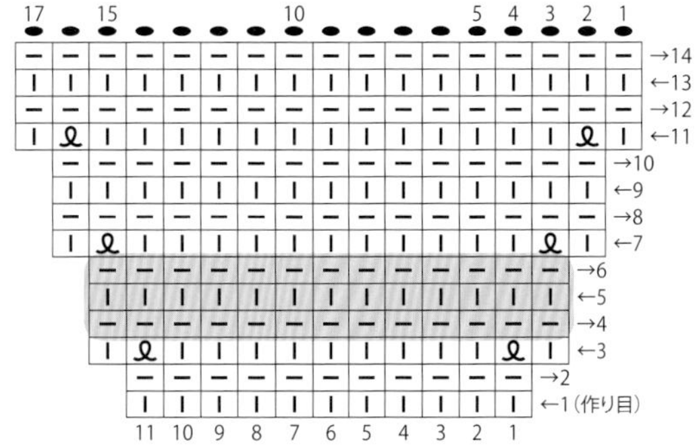

12 4〜6段は表目を編みます。

7段めの両側でねじり増し目をします

3段めと同じように編んでみましょう。

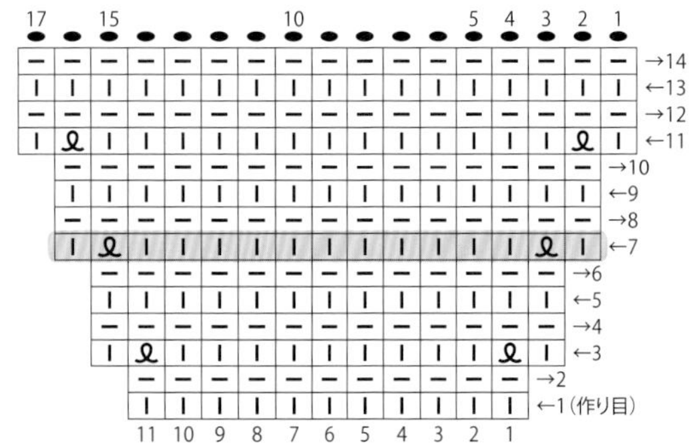

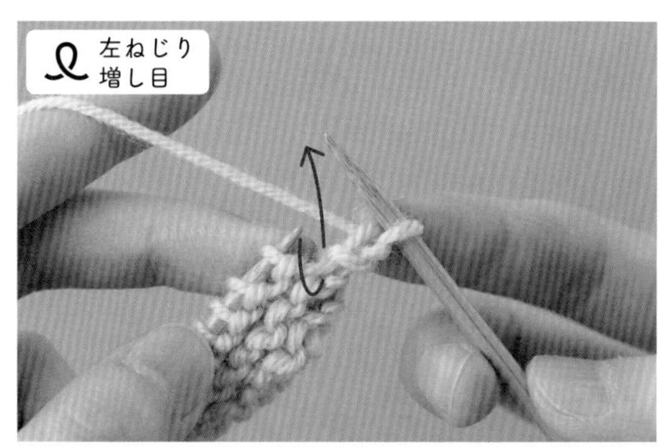

13 表目を1目編み、1段下のシンカーループを拾って「左ねじり増し目」を編みます。

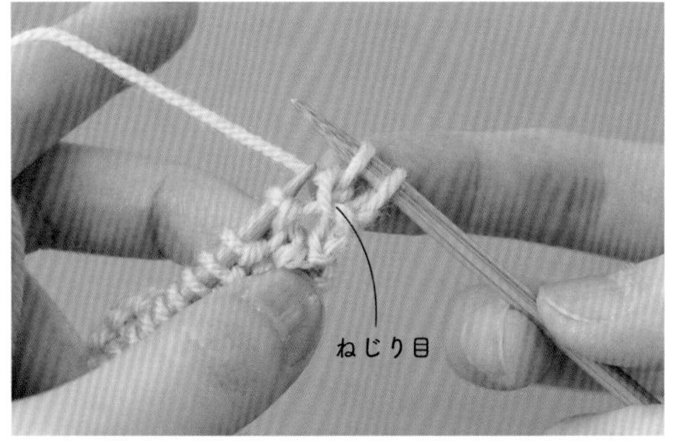

14 左ねじり増し目が編めました。

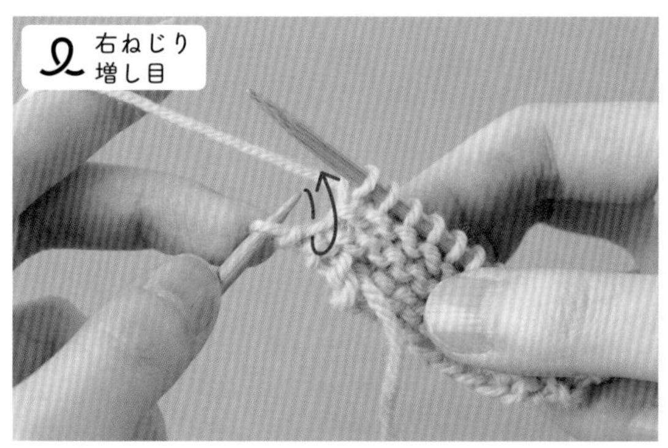

15 残り1目まで表目を編み、1段下のシンカーループを拾って「右ねじり増し目」を編みます。

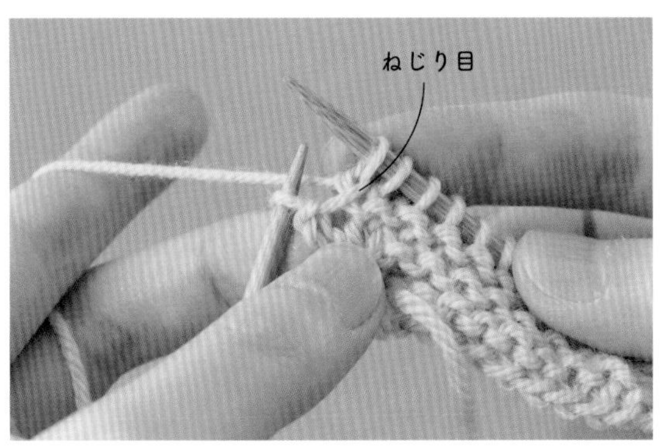

16 「右ねじり増し目」が編めました。

17 最後に表目を１目編み、７段めが編めたところです。２目増えて15目になりました。

14段めまで編みます

編み図の通りに目を増やしながら14段めまで編んでみましょう。

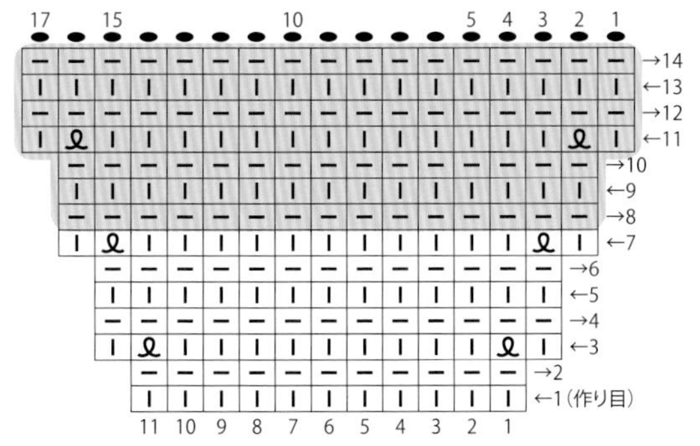

18 14段編めたところです。17目になりました。

伏せ止めをします

最後は伏せ止めをして終わります（伏せ止めのやり方は23ページ）。

19 伏せ止めをしたら、糸端はそのままにしておきます。ガーター編みの台形が編めました！

C ガーター編みの三角形（2目一度、3目一度の減らし目）

2目または3目を1目にまとめる減らし目をしながら、三角形を編みましょう。

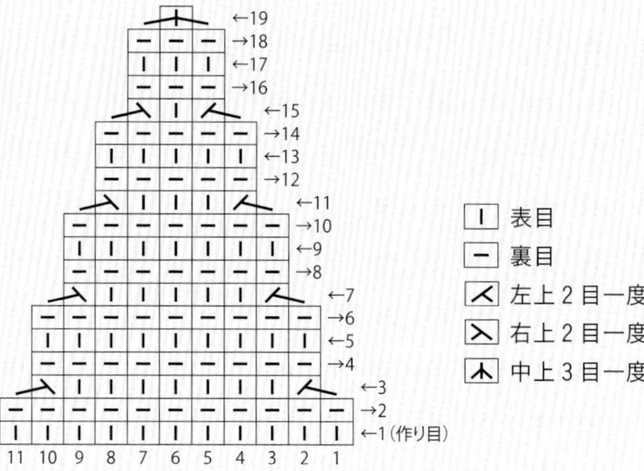

作り目を作ります

指でかける作り目から始めます。

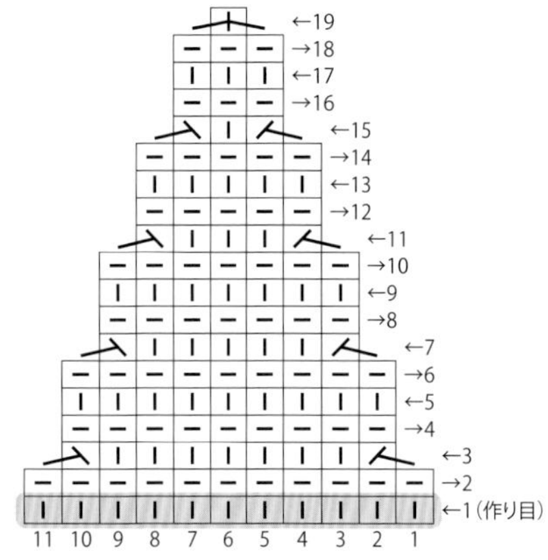

1 糸端を約15cm残してから始め、指でかける作り目を11目作ります。

2段めを編みます

表目を編みます。ガーター編みなので、このあとも表目を編みます。

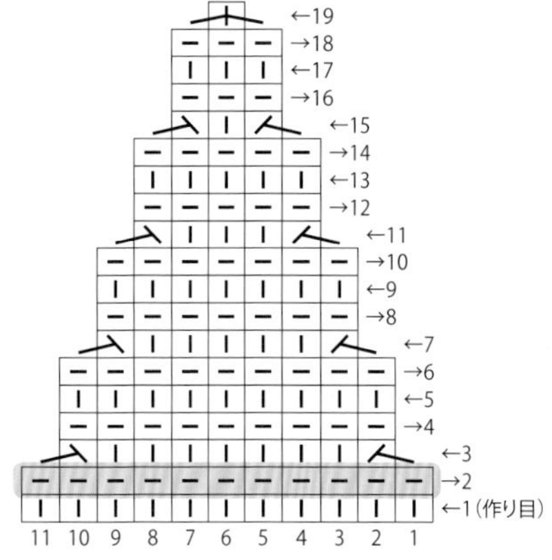

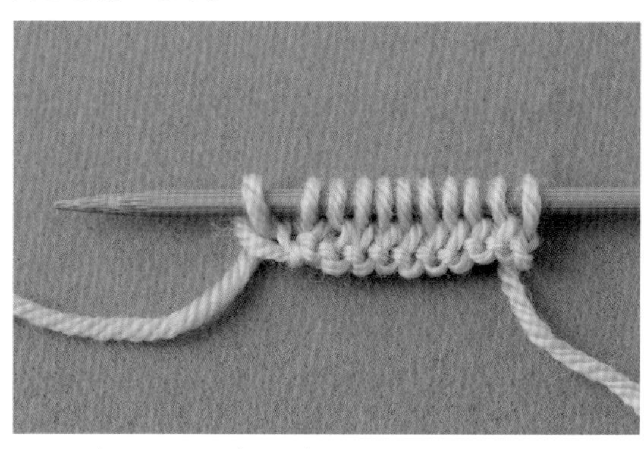

2 表目を11目編みます。

3段めの両端で減らし目をします

「左上２目一度」と「右上２目一度」を編んでみましょう。

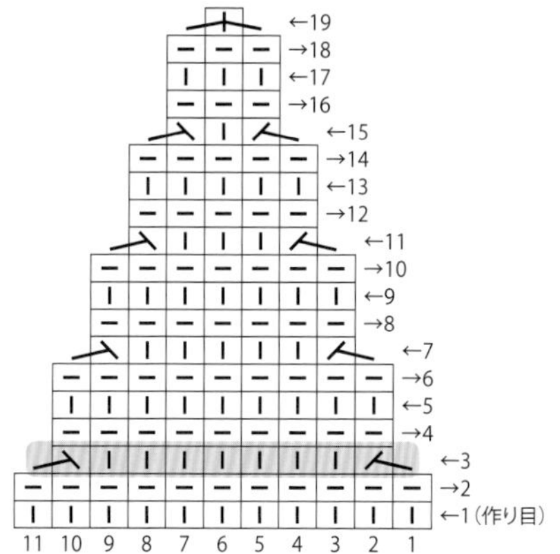

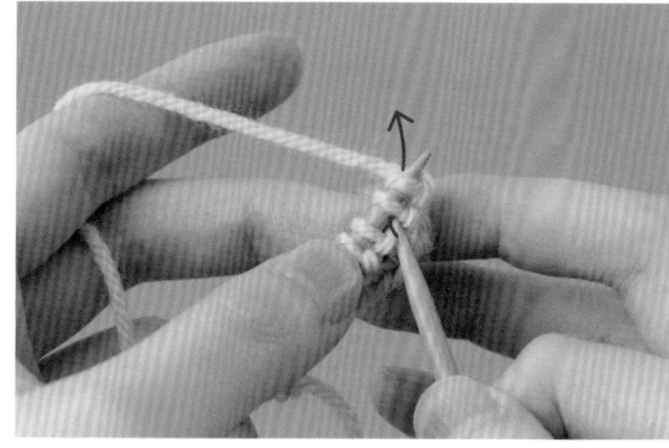

3　１目めと２目めに一度に針を入れます。

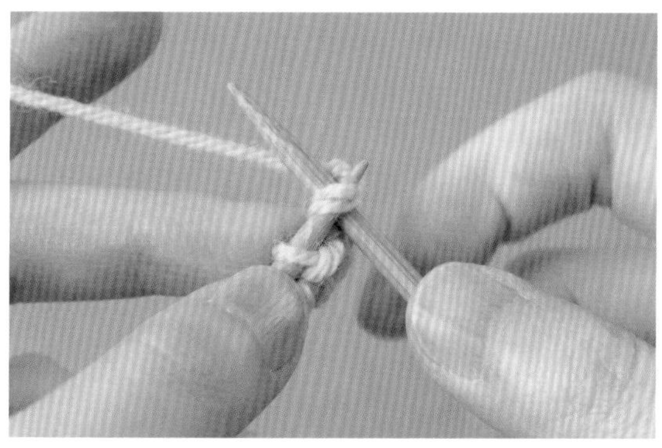

4　２目に針が入ったところです。

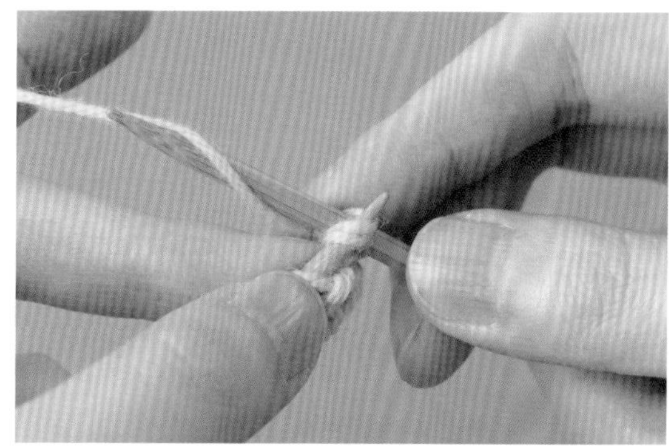

5　表目を編みます。糸を引き出すときは２目の中から一気に引き出します。

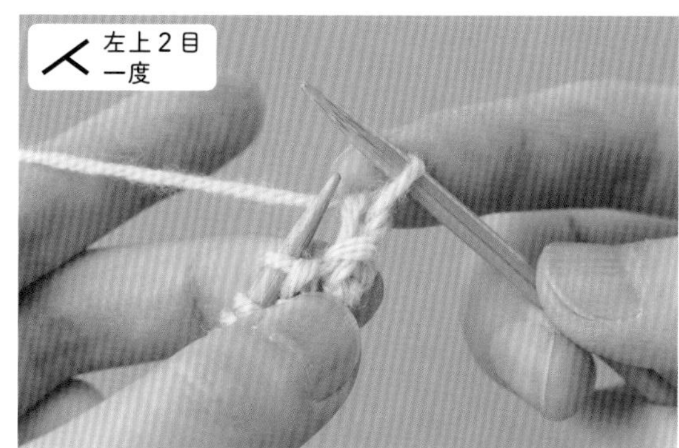

6　２目め（左側の目）が上に重なり、２目が１目にまとまりました。これが「左上２目一度」です。

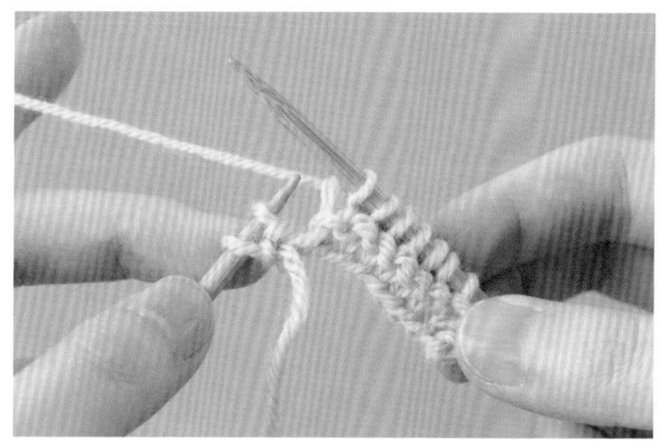

7　残り２目になるまで表目で編みます。

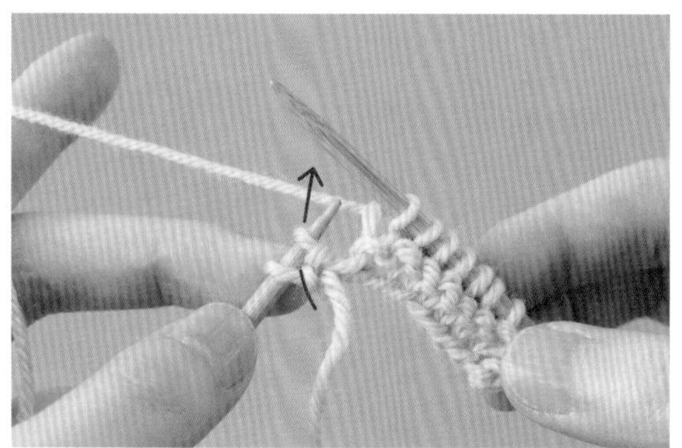

8 1目めは編まずに表目を編むように針を入れて右針に移します。

9 右針に1目移りました。次の目は表目を編みます。

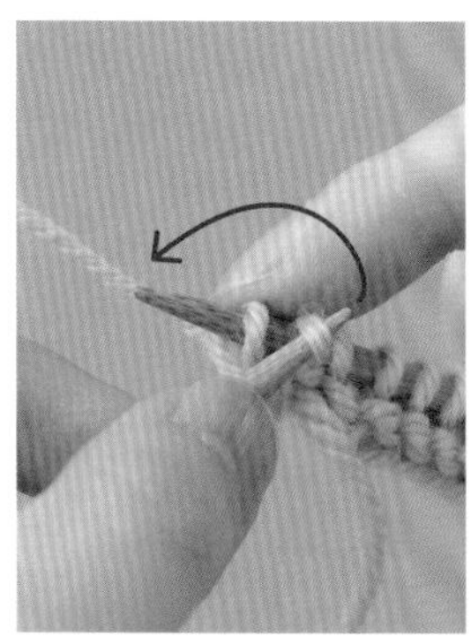

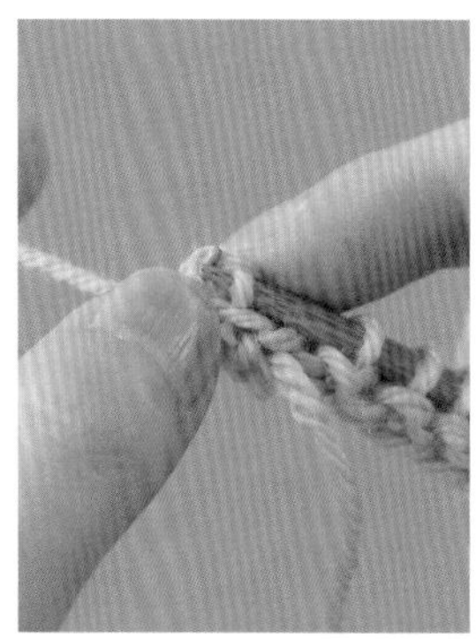

10 9で右針に移した1目めに左針を入れ、かぶせます(伏せ止めをするように)。

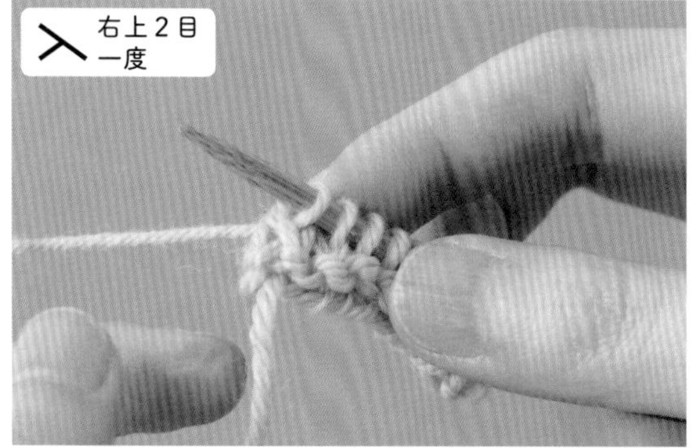

11 1目め(右側の目)が上に重なり、2目が1目にまとまりました。これが「右上2目一度」です。

check

「右上2目一度」「左上2目一度」はどちらも2目を1目にまとめる減らし目。1目にまとめると2目が重なりますが、右側にあった目、左側にあった目、どちらの目が上に重なるかで「右上」「左上」を使い分けています。この使い分けで模様を作ることもありますので、どちらも編めるようにしておきましょう。

4～6段めを編みます

同じ目数のまま表目を編みます。

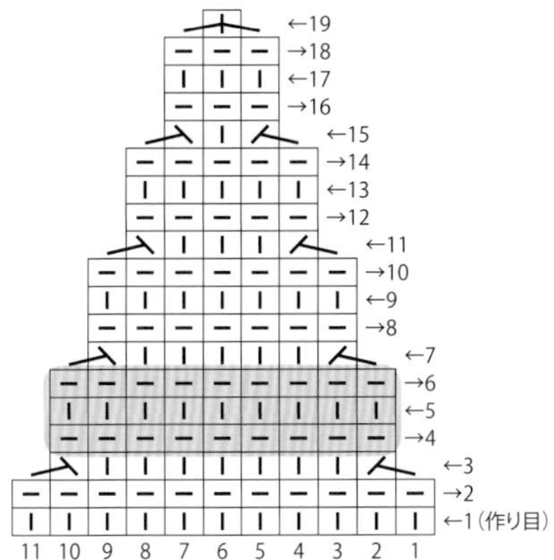

12 3段めで減らし目をした後は、3段表目で編みます。

7段めの両端で減らし目をします

3段めと同じように編んでみましょう。

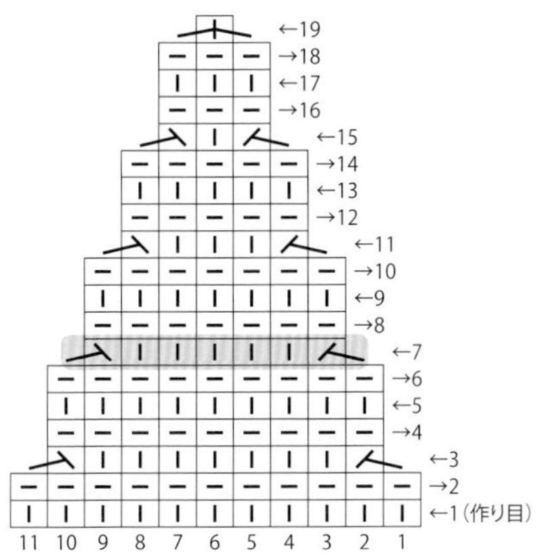

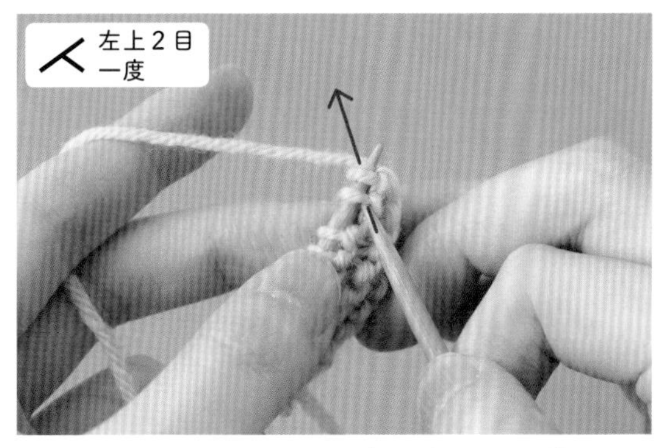

13 1目めと2目めに一度に針を入れ、「左上2目一度」をします。

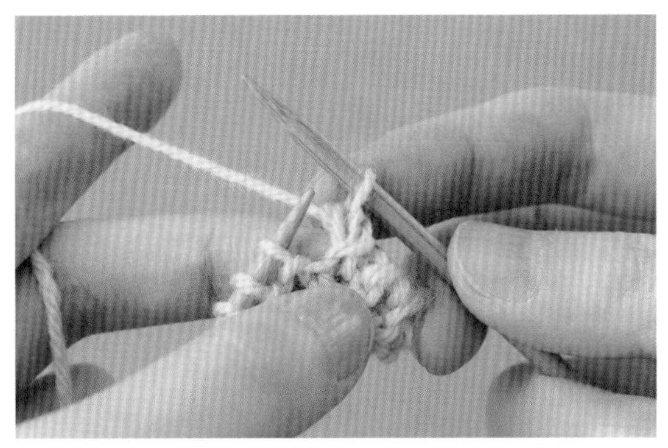

14 左上2目一度が編めました。

15 最後の2目は「右上2目一度」をします。

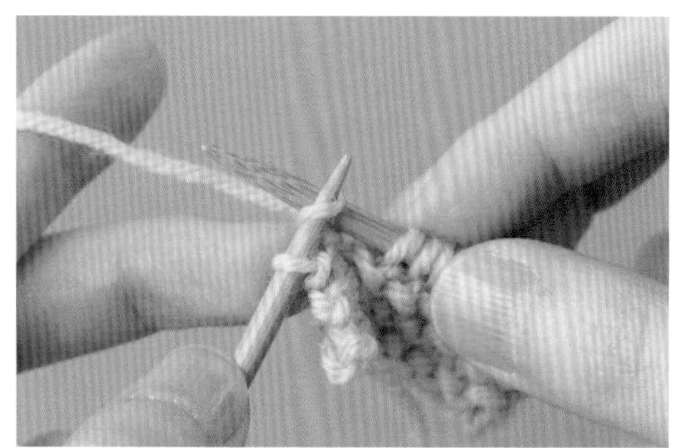

16 1目めは編まずに表目を編むように針を入れて右針に移します。

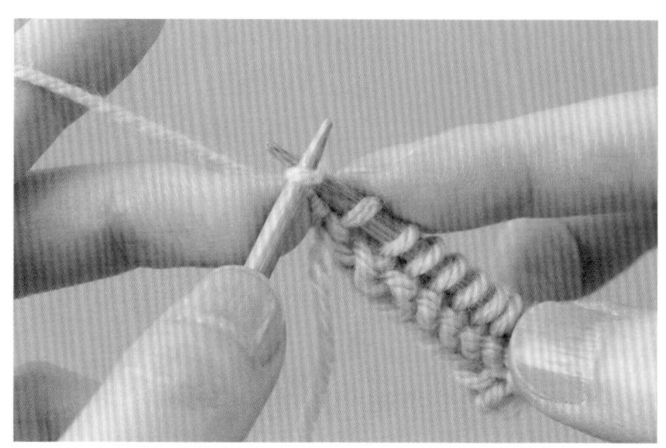

17 次の目は表目を編みます。

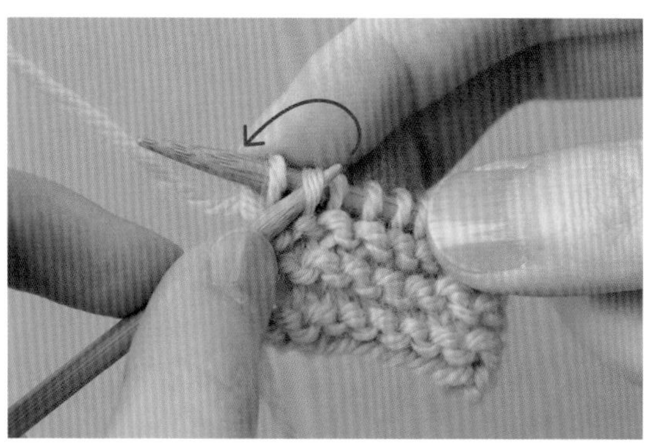

18 1目めに左針を入れてかぶせます。

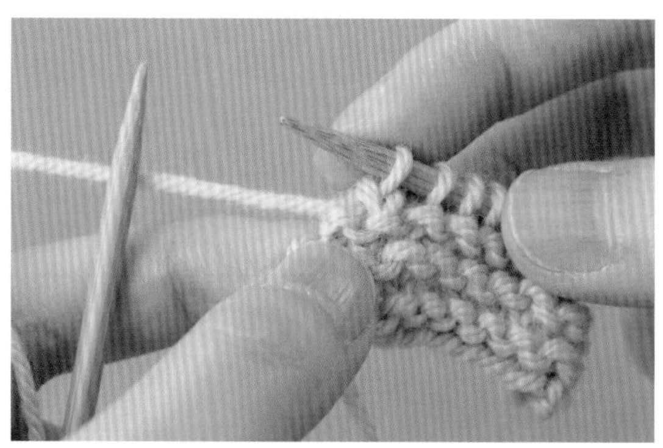

19 右上2目一度が編めました。

20 7段めが編めたところです。

8～18段めを編みます

同じように編み図を見ながら18段めまで編んでみましょう。

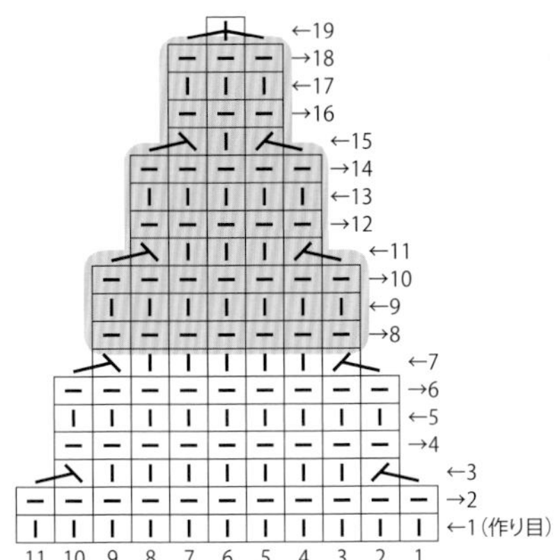

21 8～10段めの3段は増減をせず、表目で編みます。

＼check／

両端で左上2目一度、右上2目一度をして減らすのは3・7・11・15段め。減らし目をした後の3段は減らし目をせずに表目で編みます。これがわかっていると編み図は確認程度に見ればOKです。

22 11段めは3・7段めと同様に両端で減らし目をして計5目にします。

23 12～14段めは増減をせず表目で編みます。14段めが編み終わったところです。

24 15段めも両端で減らし目をし、計3目にします。16～18段めは増減をせず表目で編みます。

19段めで減らし目をします

3目を1目にまとめる「中上3目一度」を編んでみましょう。

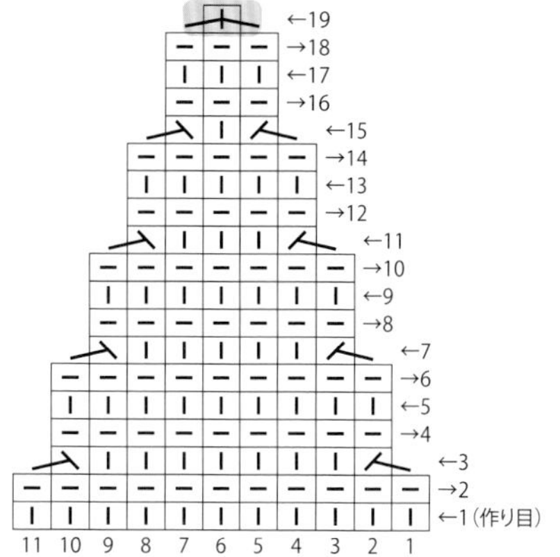

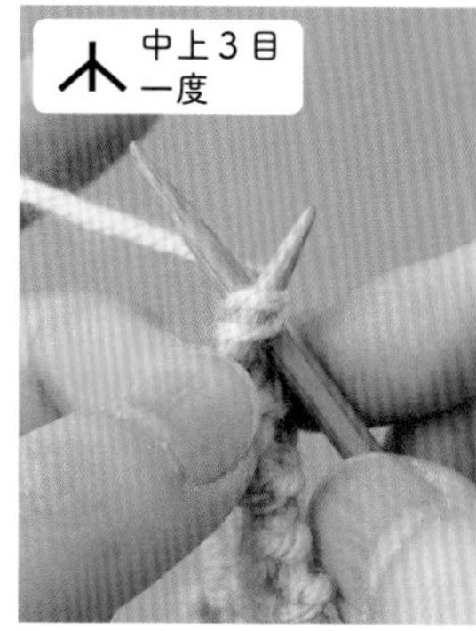

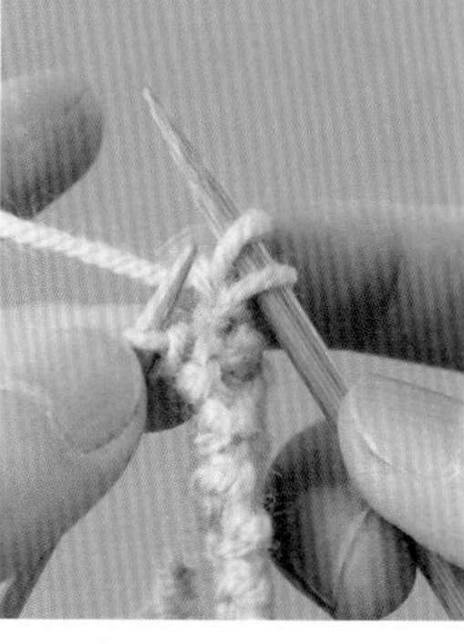

25 1目めと2目めは編まずに2目に一度に針を入れて、右針に移します（表目を編む向きで針を入れます）。

26 最後の1目を表目で編みます。

27 表目が1目編めたところです。

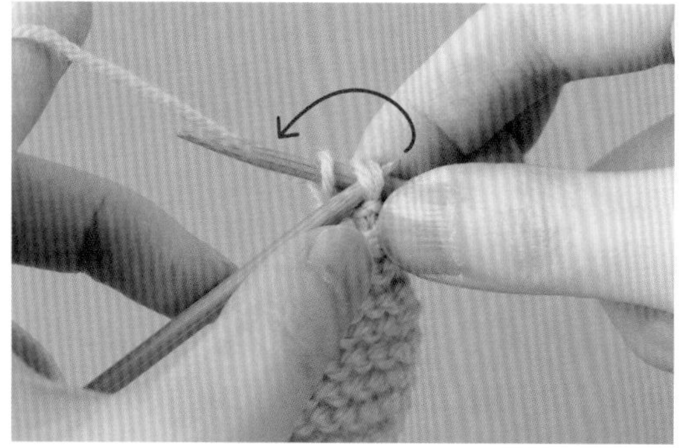

28 25で右針に移した2目に一度に左針を入れ、3目めにかぶせます。

29 2目め（真ん中の目）が上に重なり、3目が1目にまとまりました。これが「中上3目一度」です。

30 19段めが編み終わりました。

目を止めて終わります

ここでは伏せ止めをせず、糸を引き抜いて止めます。

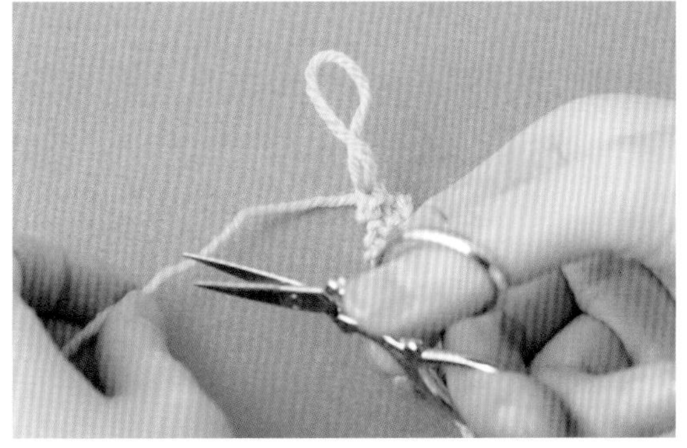

31 針を外し、糸端は7～8㎝残してカットします。

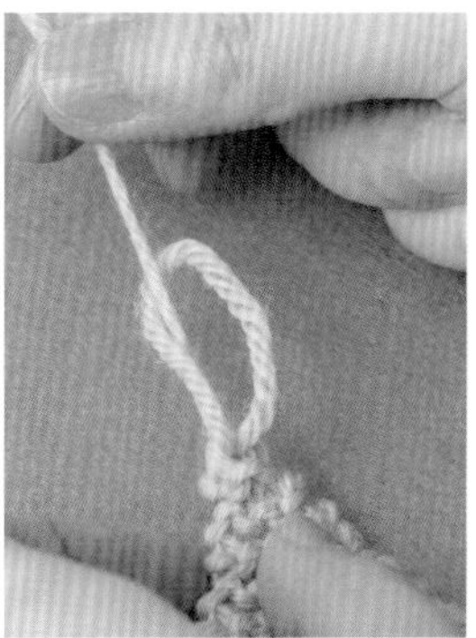

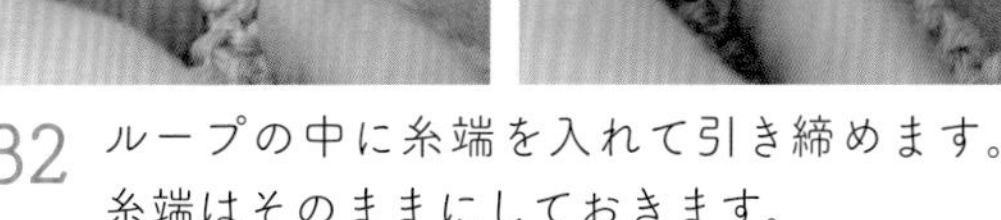

32 ループの中に糸端を入れて引き締めます。糸端はそのままにしておきます。

38 ガーター編みの三角形が編めました！

Step 4

とじ・はぎ

編み地どうしをつなぎ合わせることを「とじ」「はぎ」といいます(段と段、目と目、目と段をつなぐかで呼び方が変わります)。どちらもいくつかやり方がありますが、この本では「すくいとじ」「巻きかがり」を使います。

とじ針に糸を通します

「すくいとじ」「巻きかがり」は、とじ針を使います。はじめに糸をとじ針に通しましょう。

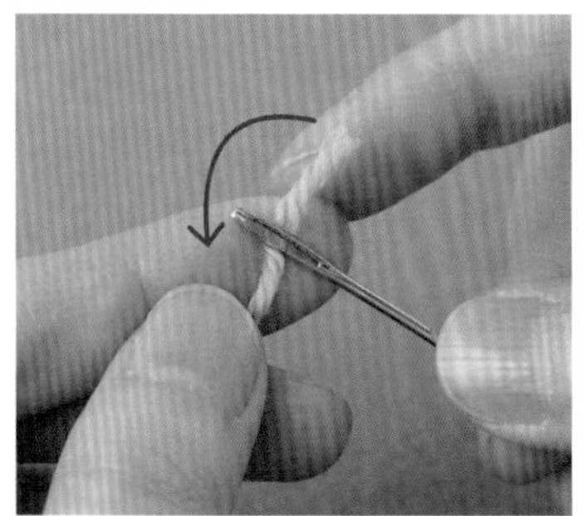

1 指の上に糸端をのせ、その上にとじ針を置きます。とじ針をはさむように糸端を折ります。

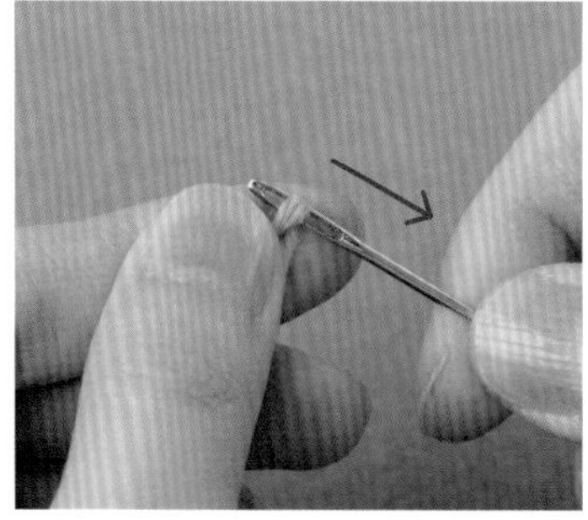

2 折り山をぎゅっとつまんだまま針だけをスライドさせて外します。

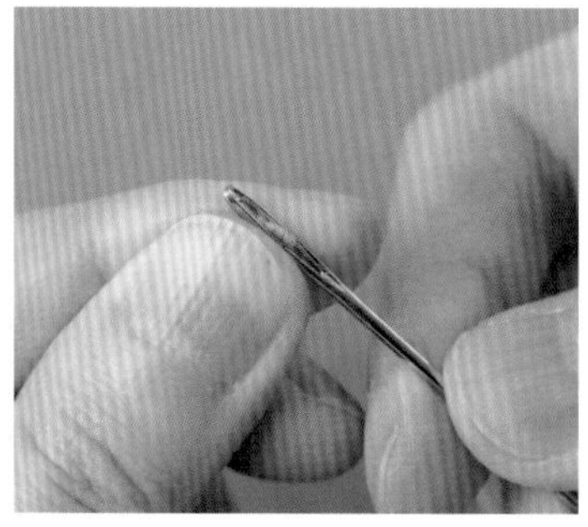

3 折り山を針穴に押し込みます。

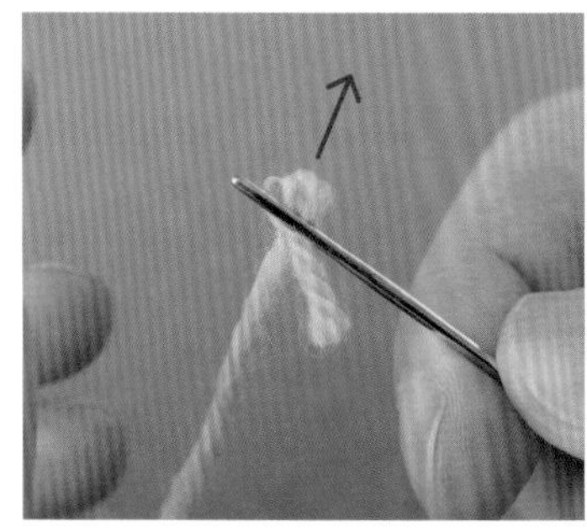

4 針穴に折り山が通ったら、折り山を引き出して通します。

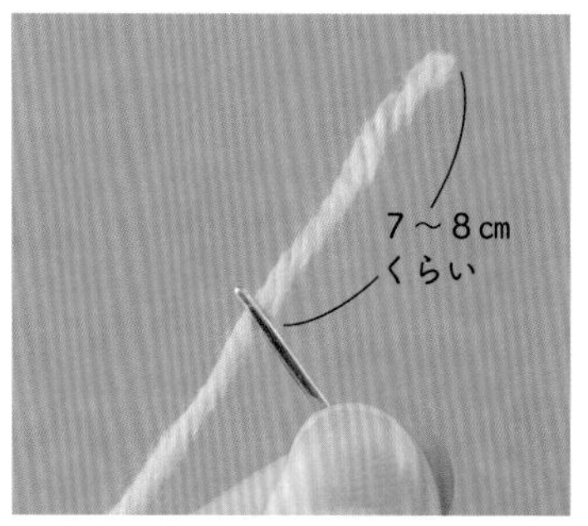

5 使っているうちに糸端が抜けないよう、7〜8cmくらい出しておきましょう。

毛糸はやわらかいため、縫い糸を縫い針に通すよりも難しいですが、このやり方なら糸通しを使わなくて済みますよ！

すくいとじをしてみよう

編み地の表側を見ながら、端1目内側のシンカーループを1段ずつすくって2枚の編み地をつなぎ合わせます。2枚の両側をつなげ、筒状のモチーフに仕上げましょう。

メリヤス編みの正方形を2枚編みます

メリヤス編みを復習しながら編み図のとおりに正方形を2枚編みましょう（編み方は26ページ）。

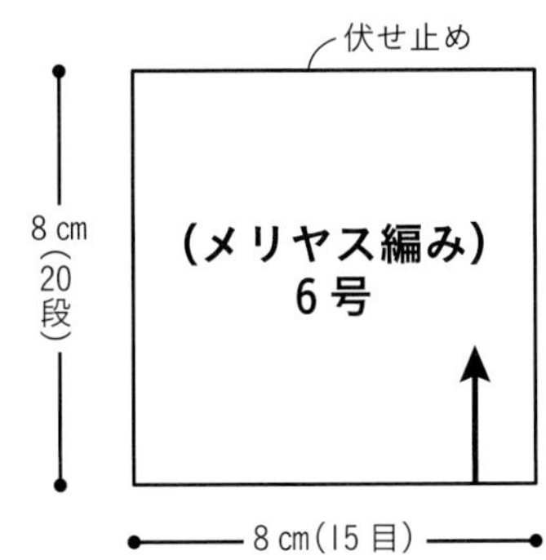

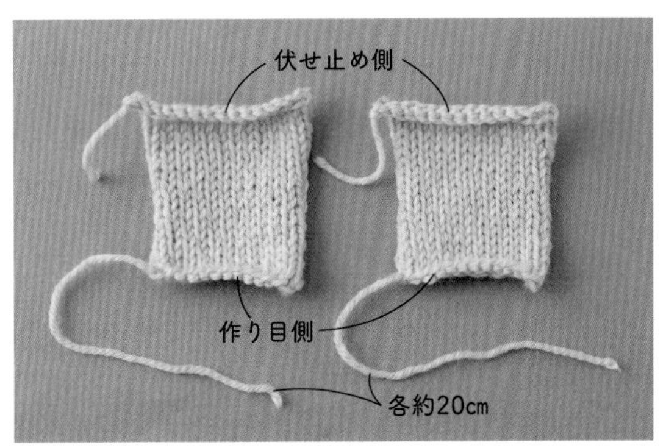

1 編み始めに、すくいとじ用の糸端を約20cm残しておきましょう。

すくいとじをします

2枚の編み地を突き合わせ、作り目側からすくいとじをしましょう。

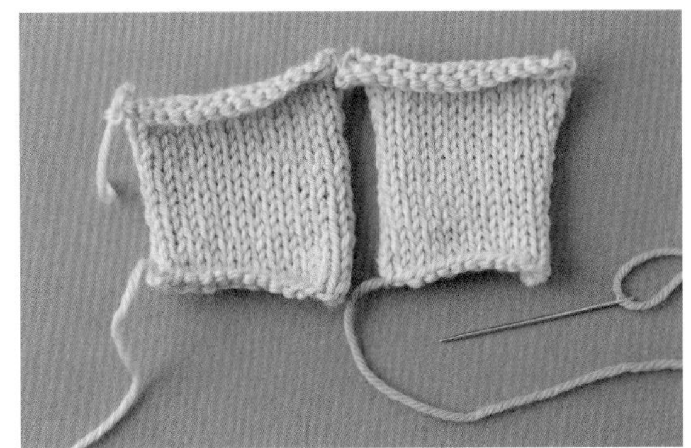

2 2枚の正方形を表目が見えるように置きます。右の編み地の編み始めの糸端にとじ針を通します（わかりやすいように糸の色を変えています）。

3 はじめに左右の作り目をつなぎます。左の編み地の作り目に裏から針を入れます。

Point

メリヤス編みには編み地が丸まる性質があり、端の目が裏側に回ってしまうため、編み地をめくりながら針を入れる場所を探しましょう。ここで針を入れるのは、作り目の時に指で作った「はじめの輪」です。

4 右の編み地に戻り、作り目を写真のように拾います。

5 糸を引きます。とじ合わせている糸は見えなくなります。

6 次から左右の1目内側のシンカーループを交互にすくいます。1目めと2目めの間の横に渡っている糸です。

7 右の編み地も同様に、左端の目と次の目の間にあるシンカーループをすくいます。1段ずつ交互にすくってみましょう。

\ check /

シンカーループを探してみましょう

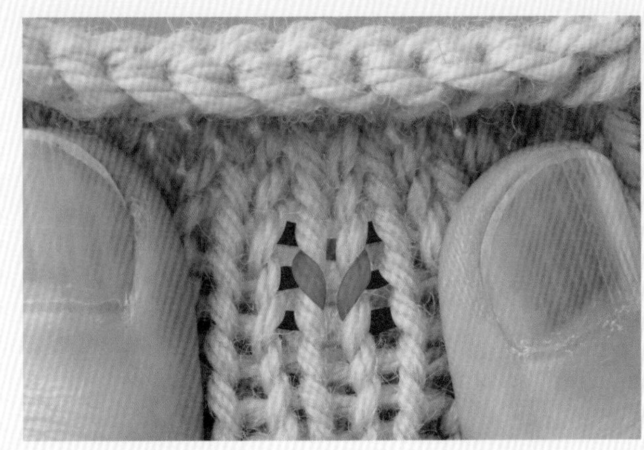

シンカーループはすべての目にあります。左の写真でシンカーループを確認してみましょう（青色部分＝ニードルループ、赤色部分＝シンカーループ）。
シンカーループが探せたら、すくいとじをするときも同じように、端の1目めと2目めの間のシンカーループを探します。端の目は表目の形が崩れやすいので、2目めから探してもいいでしょう。

8　最後の段をすくったところです。

チェーンつなぎをして終わります

筒状のモチーフにするため、チェーンつなぎをして、つなぎ目を平らにします。

9　右の最後の段をすくったら、伏せ止めした目の中心に針を入れます。

10　左の伏せ止めの目に裏側から針を入れます。

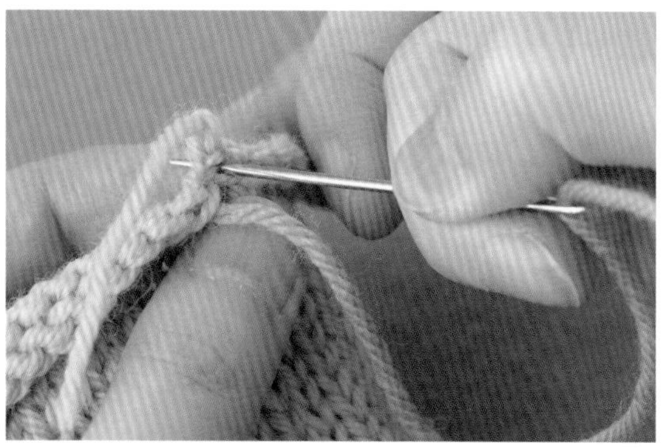

11 9の目に針を戻し、編み地の裏側に出します。

12 糸を引いて他の伏せ止めの目のサイズに合わせます。

13 もう一方の端も同じように表を見ながらすくいとじをしてみましょう。

14 糸端はそのままにしておき、あとで始末をします(67ページ参照)。筒状のモチーフができました！

巻きかがりをしてみよう

45ページと50ページで編んだガーター編みの台形と三角形をつなげて大きな三角形にします。ここでは2枚を中表に重ね、「巻きかがり」をします。

中表に重ねます

2枚の表側が合わさるように重ねます。

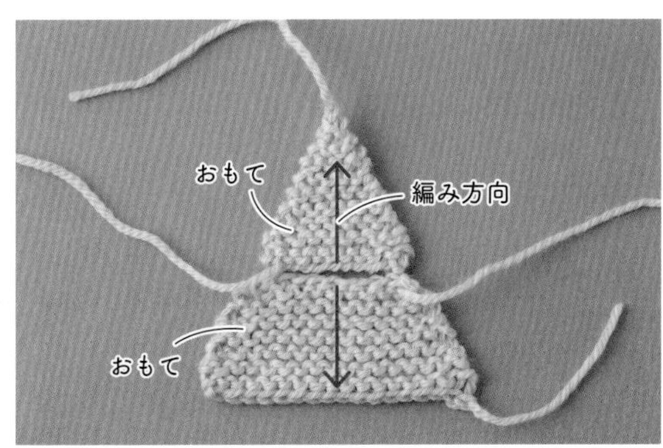

1 台形と三角形を写真のように置きます。

2 2枚を中表に重ねます(外表の場合もあります)。2枚の作り目どうしをかがります。

巻きかがりをします

2枚を重ねて1目ずつ巻くようにかがっていきます(ここではわかりやすいように糸の色を変えています)。

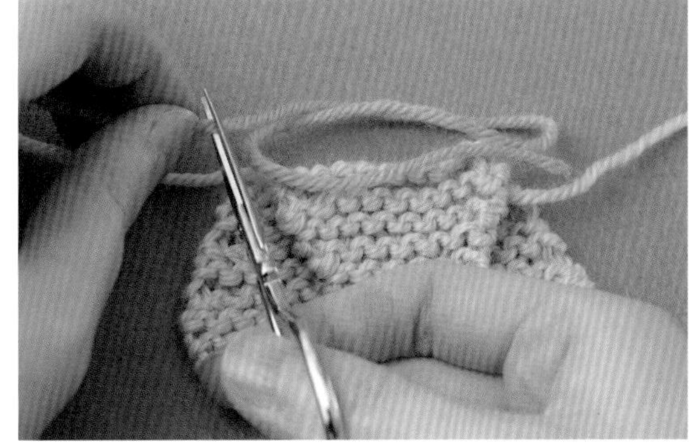

3 かがる部分の幅の約3倍の長さの糸を用意して、とじ針に通します。

4 2枚の編み地に手前から一度に針を入れ、向こう側に出します。その際、それぞれの作り目(結び目部分)を拾うように針を入れます。

5 4と同じところの手前の編み地だけに向こう側から手前に針を通します(作品によってはこの工程をやらない場合もあります)。

6 次の作り目に向こう側から一度に針を入れ、手前に出します(針を入れる向きは逆の場合もあります)。

7 針を出したら糸を引きます。6〜7を最後まで繰り返します。

8 1目ずつ針を通すと、ずれることなくつなぎ合わせられます。

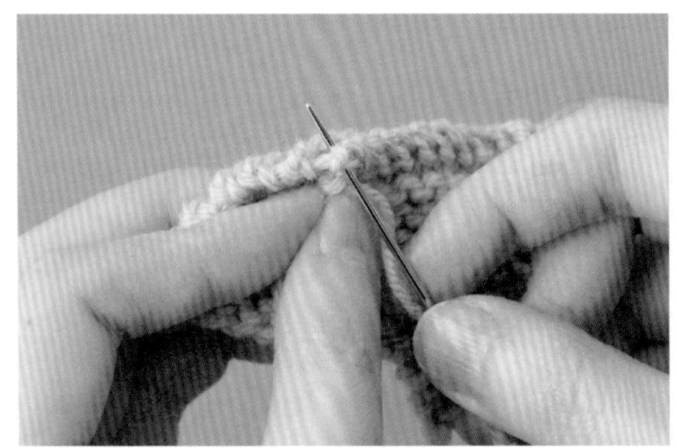

9 最後は向こう側の編み地だけに手前から針を通して糸を引きます(作品によってはこの工程をやらない場合もあります)。

10 糸はそのままにしておき、あとで始末をします(67ページ参照)。2枚がつながって大きな三角形になりました！

Step 5

ガーランドに仕上げる

これまで編んできたモチーフを糸始末し、つないでガーランドにしましょう。練習したモチーフをそのままでも、もう一度違う色で編んでもアレンジは自由！好みのガーランドに仕上げてください。

使用したもの

［19～64ページまでで編んだモチーフ］
パピー「クイーンアニー」
※見本で使った色：白（802）、チャコール（833）、緑（957）、グレー（976）
棒針　6/0号
［モチーフをつなぐひも］
ダルマ「sasawashi」
とじ針

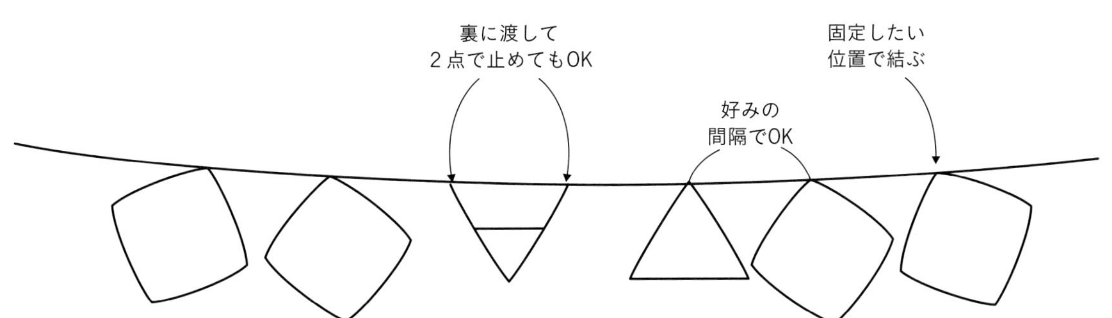

動画でも check

糸始末をしましょう

糸始末は作品完成前の仕上げ作業。糸端をそのまま短くカットしてしまうと、編み目がほどけてしまう可能性が高くなるので、すべての糸端は編み地の裏側に隠してからカットします。
ここで焦ると使っているうちに糸端がぴょんと出てきたり、最悪のケースだと編み目がほどけることも……。はやる気持ちをおさえて、最後までゆっくり落ち着いて進めましょう。

糸始末の目的
1 糸端を隠す
2 編み目がほどけないようにする
※もし穴などが開いていたらついでに補修してしまおう！

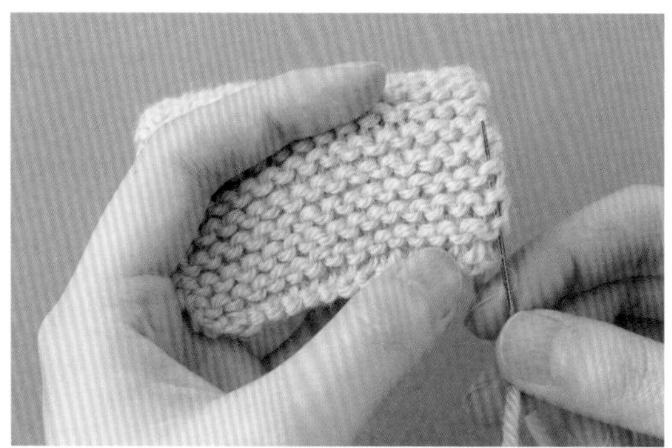

1 糸端をとじ針に通し、編み地の裏側で編み目の中をくぐらせるように針を入れて引き抜きます。

2 編み地がつれないように糸を引いて糸端を隠したら、残った糸は編み地のギリギリのところで切ります。

Point

ここでは横に3目程度通していますが、糸の素材によっては5目程度にしたり、1～2目引き返したりすることもあります。糸始末にルールはないので、針を入れる向きも横や縦、斜めやジグザグにからめたりと、糸端がうまく隠れるように作品によって工夫をします。編み地の端で不安な時は、数段分縦に通してから横へ通すなどしてみましょう。

＼check／

すくいとじをした場合の糸始末

1　編み地をひっくり返して中表にします。

2　すくいとじをしたときに裏側にできるとじ代（両端１目）が近い場合は、とじ代で糸始末すると表にひびく心配がありません。あえて糸を割る（撚ってある糸の間を通す）と糸が抜けにくくなります。

巻きかがりをした場合の糸始末

1　巻きかがりをした部分は裏側の巻きかがった部分の間を通すと表にひびきにくいです。

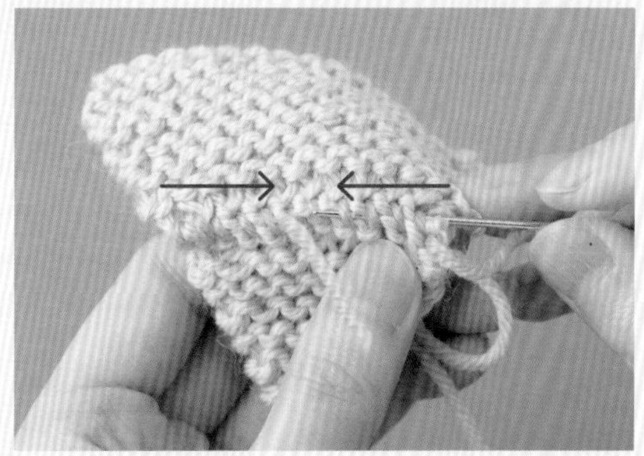

2　もう一方の糸端も同じように通します。同じ場所に糸始末すると厚みが出るので、糸端が重なる場所は少しずらしてみましょう。

角をきれいに出すコツ

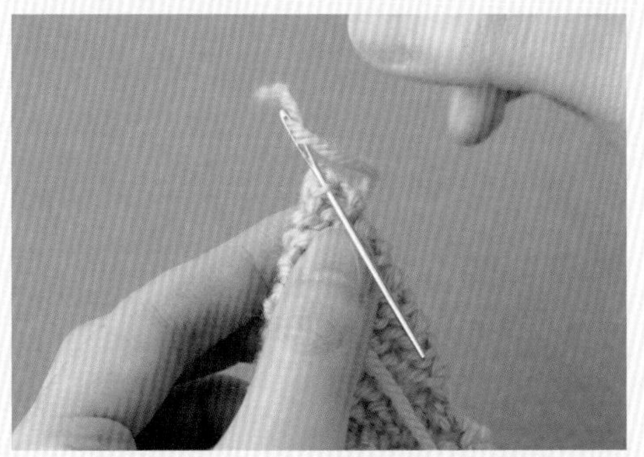

1　糸始末のついでに編み地の角も整えてみましょう。三角形の頂点は、１針めを頂点から真下に通します。

2　糸を引き、三角形の頂点を整えます。このあとは、整えた部分を崩さないように糸始末をします。

モチーフを糸でつなぎます

とじ針を使って、モチーフをつないでいきます。

1 とじ針にひも用の糸を通し、モチーフをつけたい場所の編み目にとじ針を通します。糸1本を拾うと編み目が伸びてしまうので、2～3本の糸を拾いましょう。

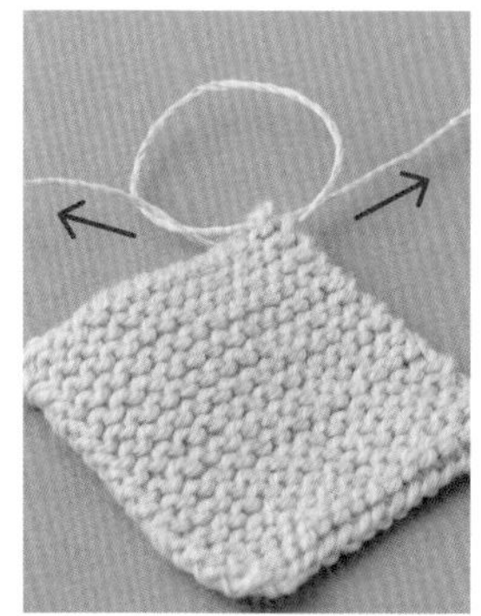

2 編み地に通した糸を、固定したい位置で結びます。

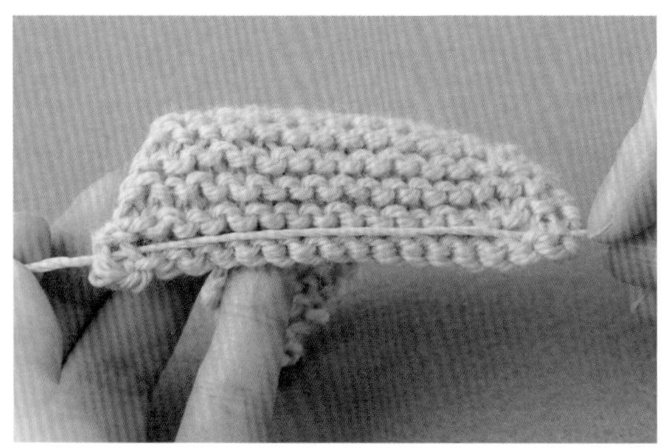

3 モチーフの一辺につけたい場合は、両端に針を通します。

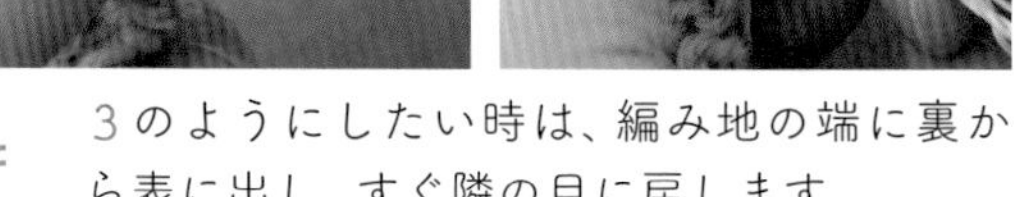

4 3のようにしたい時は、編み地の端に裏から表に出し、すぐ隣の目に戻します。

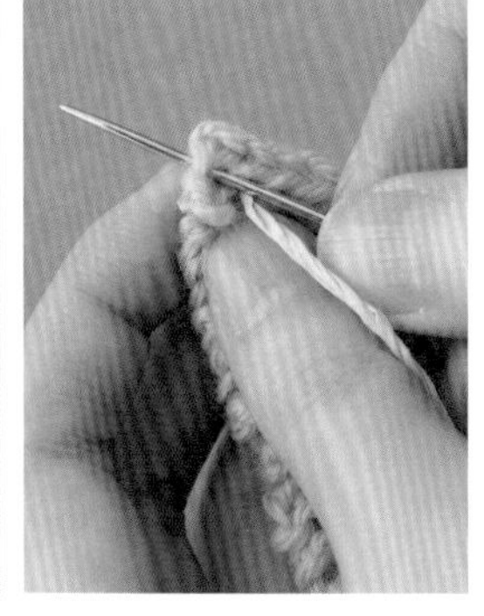

5 裏側で糸を渡して、反対側の端にも同じように通します。

6 糸を通したら、つけたい位置に持っていきます。つけた位置で固定したい場合は1ヵ所ずつ結びましょう。

episode

3

使えるものを作ろう

棒針編みの基本的な編み方だけで、
ふだん使えるものを作ってみましょう。
編み物が好きになっていただければうれしいです。

［作品ページの見方］

糸

使用糸の名称と使用量、色番号を示しています。色名はメーカー表記がない場合は、本書独自の表記にしています。

針

使用している針の号数。2つある場合は、途中で使い分けているので注意しましょう

Arrange

色違いや素材の違う毛糸などで編んだアレンジ作品がある場合の糸の情報です。

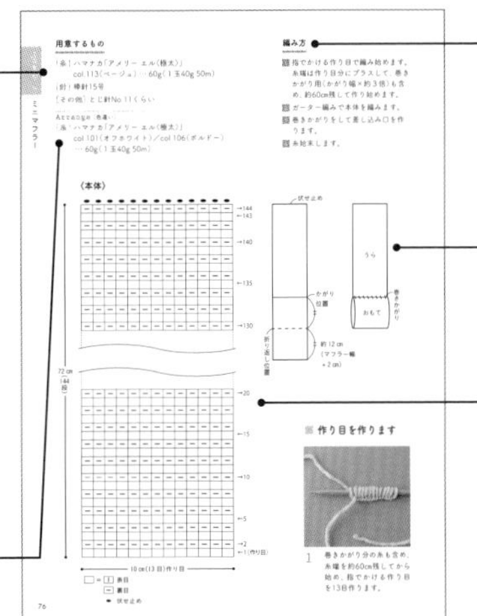

編み方

手順を説明しています。ここで作品完成までの大きな流れをつかみます。

仕立て図

仕立て方をわかりやすくした図です。

編み図・展開図

編み方を図と編み目記号で示しています。細かい編み方をここで確認します。

メリヤス編みの ピアス&イヤリング

試しに編んだ小さな編み地。
金具をつけてピアスや
イヤリングにしちゃえ！
ゆるーく編んだらレースのよう。
メリヤス編みはくるんと丸まってかわいい！
いろんな毛糸で、自由に楽しんで。

糸：ハマナカ「ウオッシュコットン」
特色：ウオッシャブルなコットン系の糸
カラー：col.2（白）

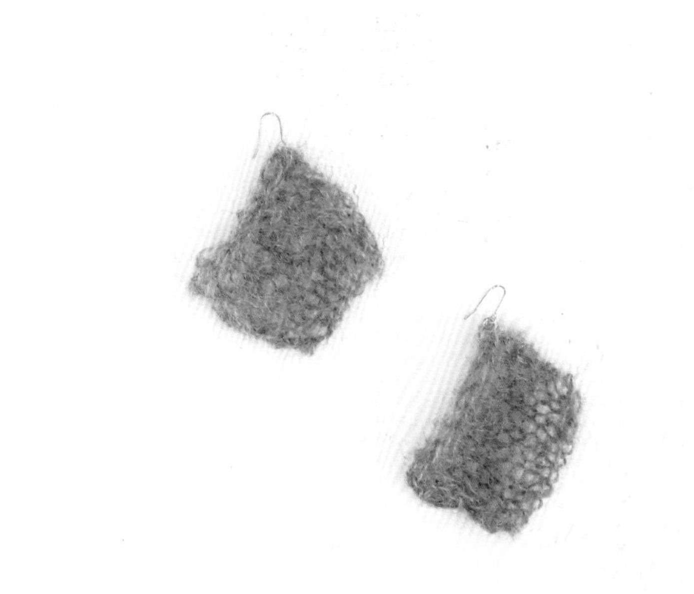

Arrange
素材を変えると、また違った雰囲気に（写真下）。
標準針５～６号針なのを、あえて10号針を使って、
すかすかに編むのがポイント。
糸：ハマナカ「ソノモノ ヘアリー」

用意するもの

［糸］ハマナカ「ウオッシュコットン」col.2（白）
　…5g（1玉40g 102m）

［針］棒針10号

［その他］ピアス／イヤリング金具…1組
　丸カン…2個
　平ヤットコ
　とじ針No.15くらい

Arrange

［糸］好きな糸を使ってOK

［針］糸の太さによって変えます
　（標準より太めがオススメ）

使用した金具・道具

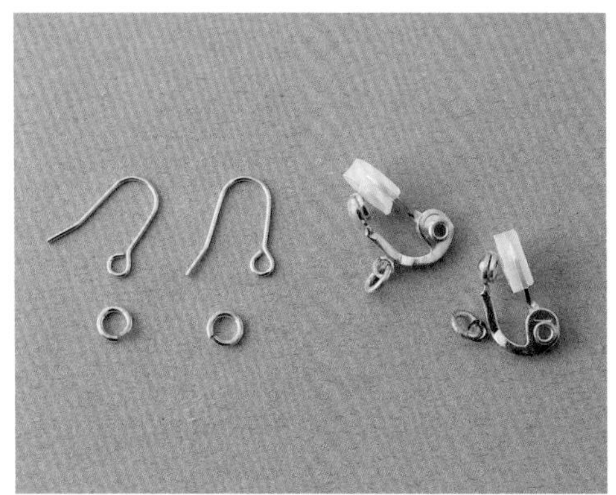

ピアス／イヤリング金具と丸カン
（好みのものでOK！）

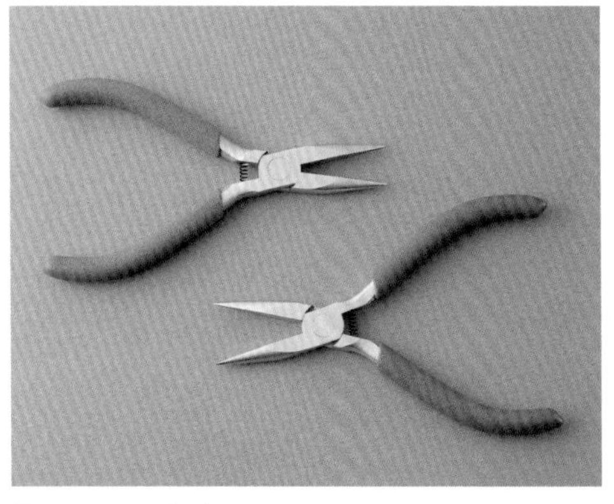

平ヤットコ2本
丸カンをつける時に使います。2つあると開閉しやすいです。

編み方

1 指でかける作り目で編み始めます。

2 四角形を編みます。

3 編み地の角に丸カンとピアスまたはイヤリング金具を通します。

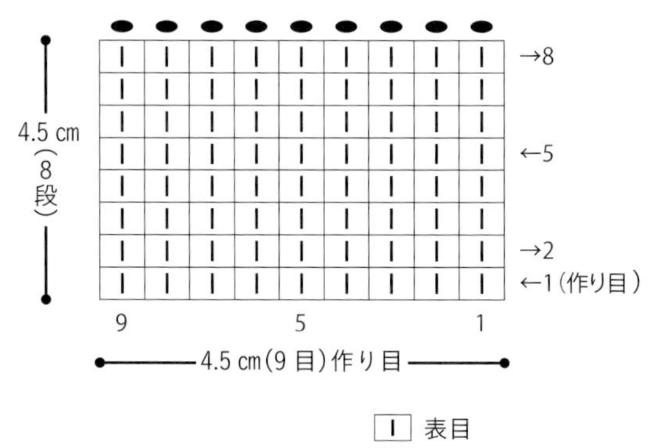

Arrange

（73ページ 9 の写真のガーター編み）

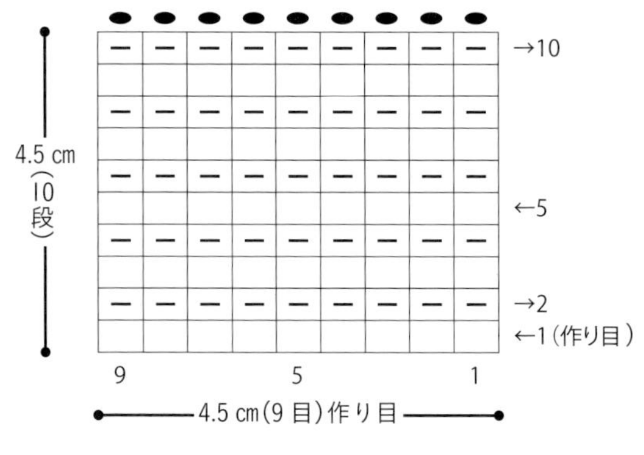

編み目記号を省略することもあります。空欄がある場合は、省略されている編み目記号を凡例から確認しましょう。

作り目を作ります

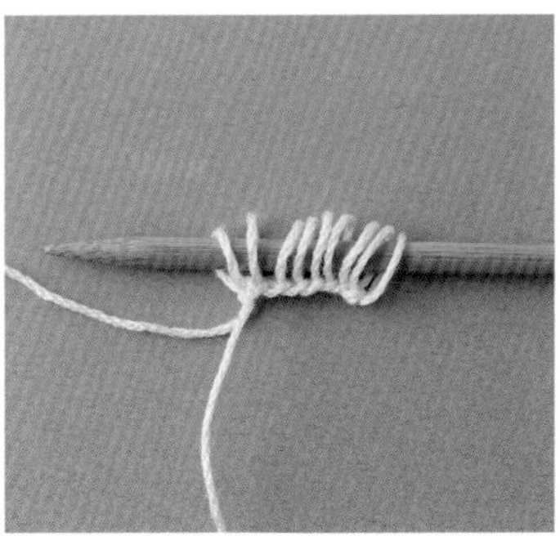

1　指でかける作り目を9目作ります。

四角形を編みます

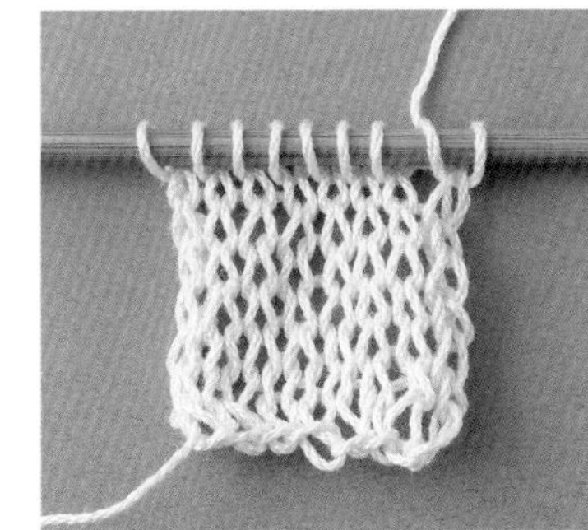

2　メリヤス編みで四角形を編みます。

3　伏せ止めをします。

丸カン、金具をつけます

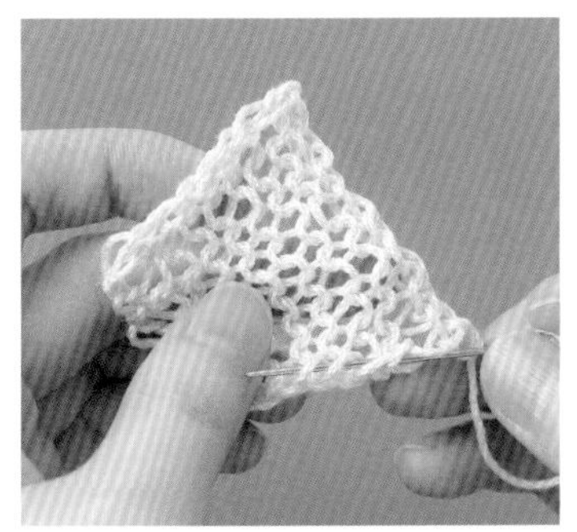

4　糸始末をします。丸カンをつける時に糸端が抜けてしまうことがあるため、金具をつけるところは避けましょう。

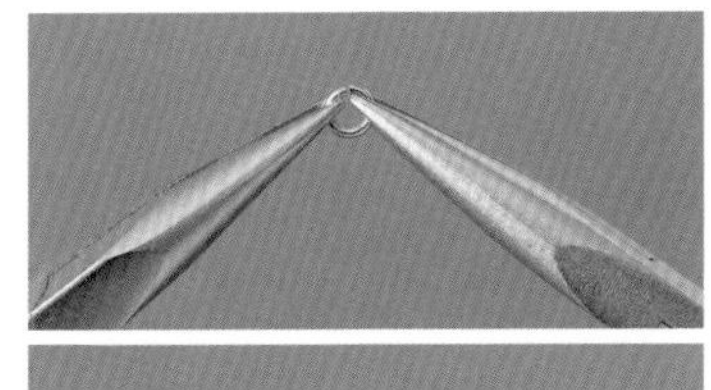

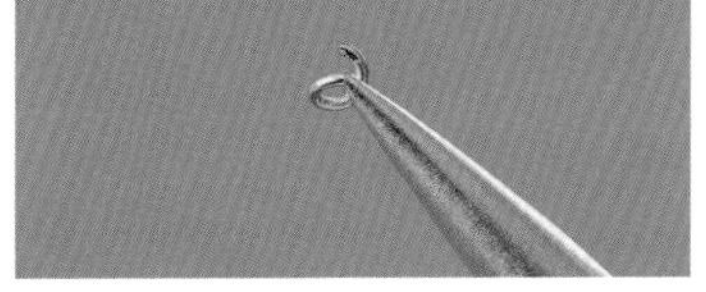

5　平ヤットコで丸カンを手前と奥に開きます。

6　糸を2〜3本拾うように編み目に丸カンを通します。

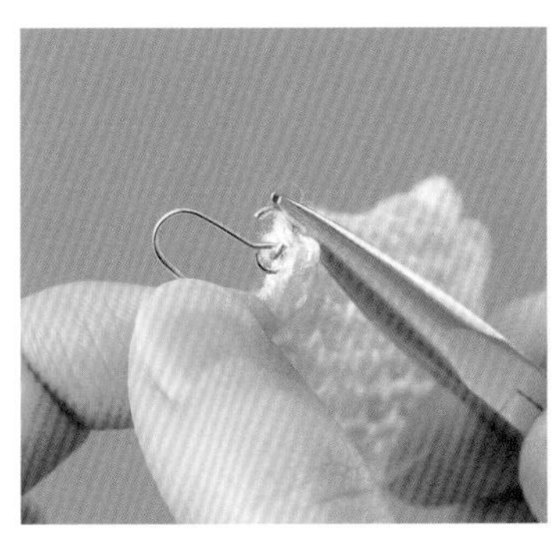

7　丸カンにピアスまたはイヤリング金具を入れます。

8　丸カンを閉じます。

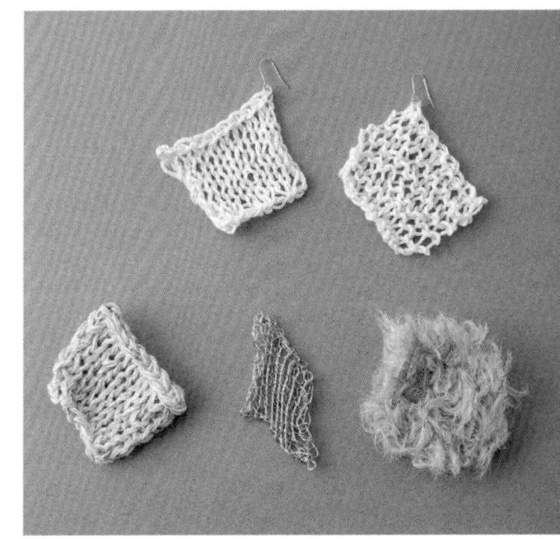

9　完成です！　素材を変えたり、ガーター編みにしてみたり（右上）、アレンジして楽しんでください。

ミニマフラー

外出時もおうちにいる時でも
首元を温めたいときに気軽に巻ける
差し込みタイプの短いマフラー。
ガーター編みでひたすらまっすぐ
編むだけなので表目の復習に
ぴったりです。

糸：ハマナカ「アメリー エル〈極太〉」
特色：空気を多く含んだ毛糸で、温かくて軽い仕上がりに
カラー：col.113（ベージュ）

Arrange
毛糸の色を替えただけで雰囲気がぐっと変わります。
好きな色を選んで編んでみてください。

カラー：col.101（オフホワイト）、col.106（ボルドー）

用意するもの

［糸］ハマナカ「アメリー エル〈極太〉」
col.113（ベージュ）… 60g（1玉40g 50m）

［針］棒針15号

［その他］とじ針No.11くらい

Arrange（色違い）

［糸］ハマナカ「アメリー エル〈極太〉」
col.101（オフホワイト）／col.106（ボルドー）
… 60g（1玉40g 50m）

編み方

1 指でかける作り目で編み始めます。糸端は作り目分にプラスして、巻きかがり用（かがり幅×約3倍）も含め、約60cm残して作り始めます。

2 ガーター編みで本体を編みます。

3 巻きかがりをして差し込み口を作ります。

4 糸始末します。

〈本体〉

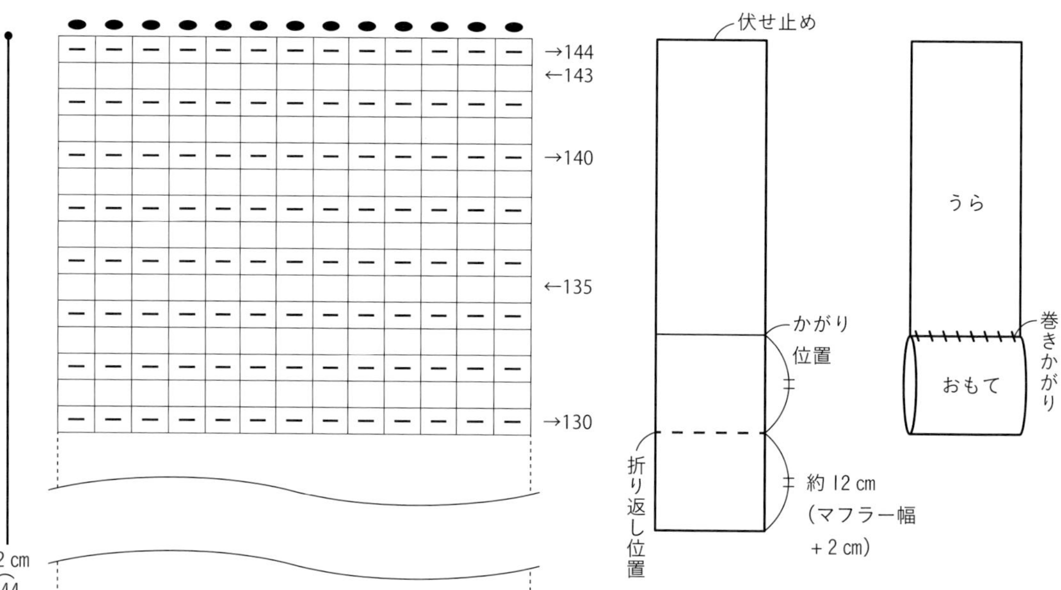

作り目を作ります

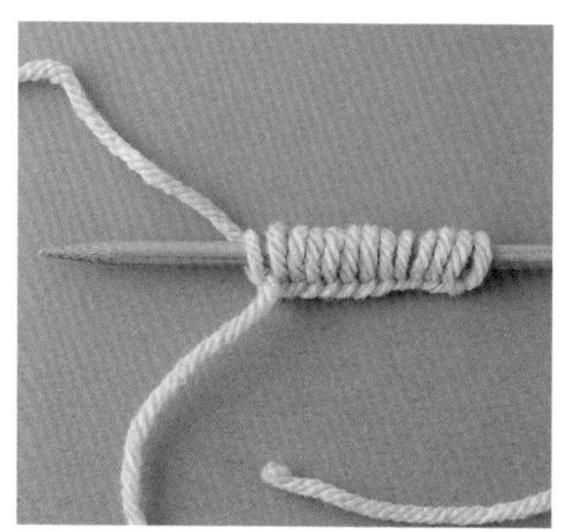

1 巻きかがり分の糸も含め、糸端を約60cm残してから始め、指でかける作り目を13目作ります。

本体を編みます

2 ガーター編みを編みます（2玉めに進むときは38ページ参照）。

3 72cm（144段）まで編んだら伏せ止めをします。長さは好みのところで止めてOKです。

巻きかがりをします

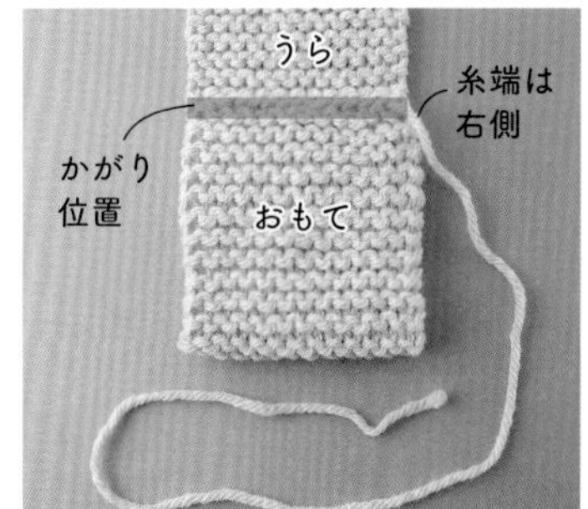

4 編み地の裏側を見ながら、下から約12cmのところで折ります。作り目と本体が重なる段をかがり位置にします。

5 編み始めの糸端にとじ針を通し、かがり位置の端の目をすくうように針を入れます。

6 作り目側の糸1本と、かがり位置の目をすくうように針を入れ、1目ずつかがります。

7 巻きかがりが終わったところです。

糸始末をします

8 巻きかがりをしたところは、かがった部分を使うと糸端を隠しやすいです。

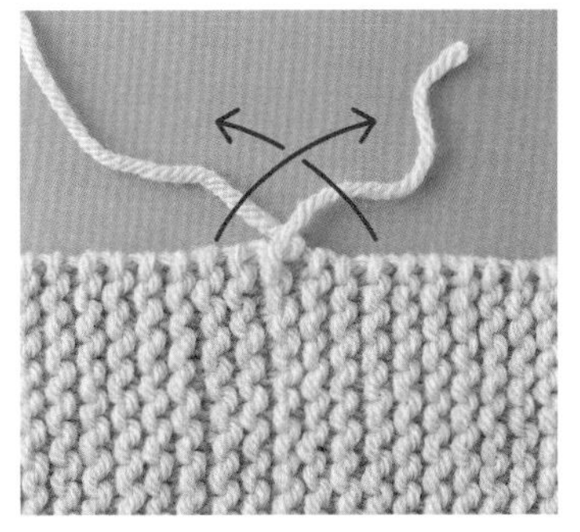

9 途中で糸替えをしたところは、糸を交差させてから糸始末をすると編み目が崩れにくいです。

10 完成です！

アームウォーマー

表目と裏目の組み合わせでできる
ゴム編みに挑戦！
表目3目＋裏目2目のゴム編みです。
寒い季節にうれしい長めのアームウォーマー。
手の先と親指が出る、作業しやすいデザインです。

糸：DARUMA「メリノスタイル並太」
特色：きめ細やかなウールの編みやすい糸
作品カラー：col.4コルク

用意するもの

［糸］DARUMA「メリノスタイル並太」コルク
…75g（1玉40g 88m）

［針］棒針6号

［その他］とじ針No.13くらい

編み方

1 指でかける作り目で編み始めます。糸端は作り目分にプラスして、すくいとじ用（すくいとじ幅×約3倍）も含め、135cm残して作り始めます。

2 ゴム編みで本体を2枚編みます。

3 伏せ止めをし、約20cm（すくいとじ幅×約3倍）残して糸を切ります。

4 編み地の両端を表側を見ながら突き合わせ、親指穴以外をすくいとじします。

編み終わりの糸端
約20cm
逆方向にすくいとじ
補強のため3〜4回巻く
おもて
すくいとじ
編み始めの糸端
約80cm

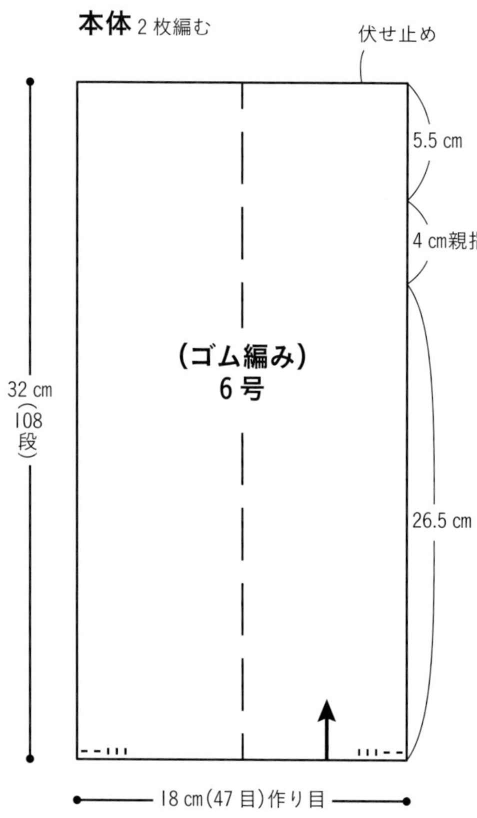

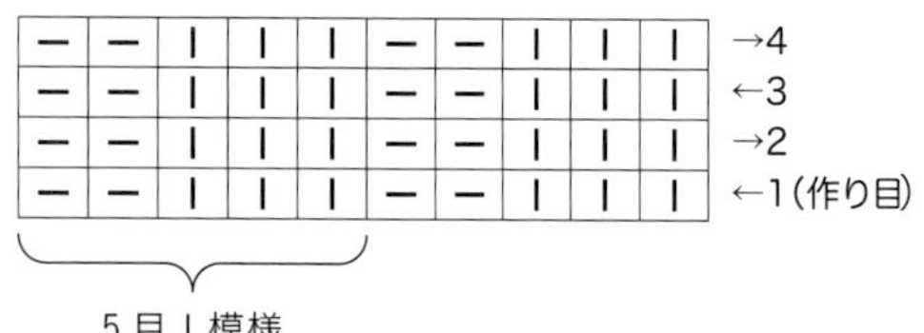

横幅を変えたい場合は、作り目を47目から5目単位で増減しましょう。

例）少し小さくしたい…47目−5目＝42目作る

少し大きくしたい…47目＋5目＝52目作る

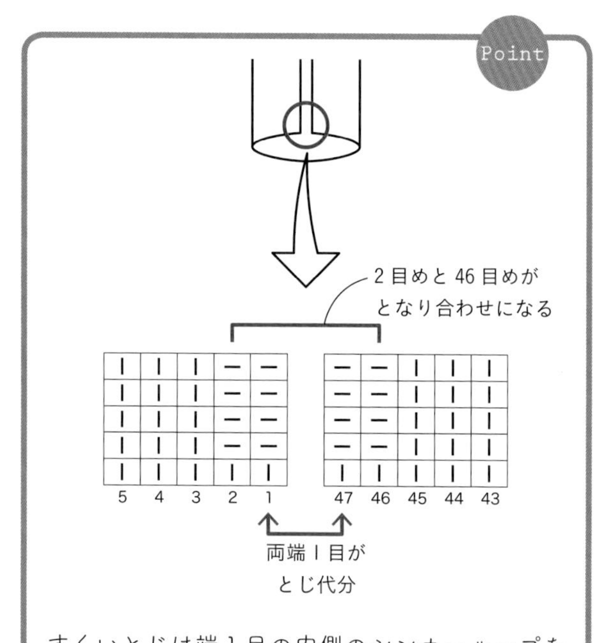

すくいとじは端1目の内側のシンカーループをすくうため、すくいとじをすると両端の1目がとじ代となって裏側に隠れます。両端1目がなくなったときに「表目3目、裏目2目」が1周つながるように編み地の両端は裏目2目で編みます。

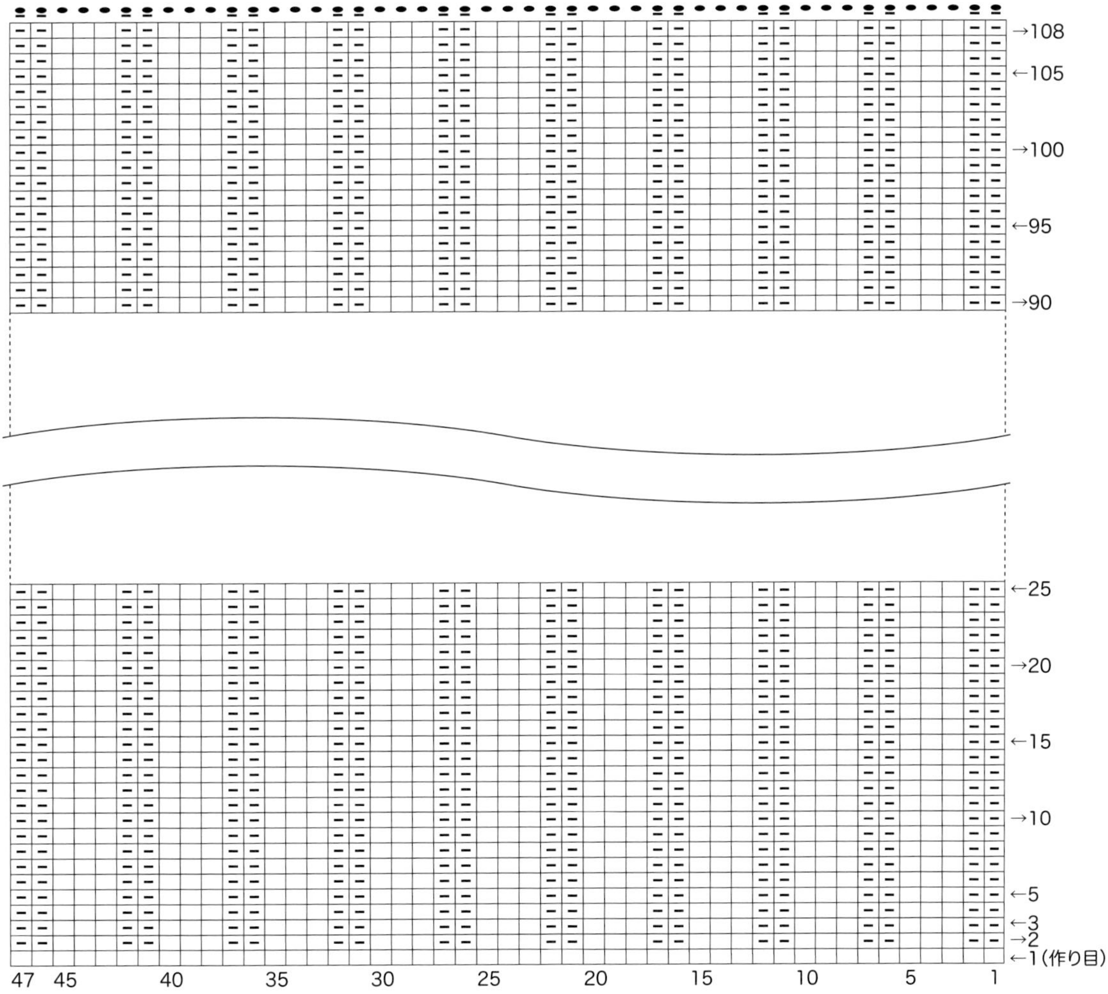

→108
←105
→100
←95
→90
←25
→20
←15
→10
←5
←3
→2
←1(作り目)
47 45 40 35 30 25 20 15 10 5 1

□ = | 表目
− 裏目
● 伏せ止め
●̲ 裏目の伏せ止め

\ check /

はじめに編み図を確認して編み方を整理しましょう

奇数段は編み目記号通りに、裏目２目から始まり「表目３目、裏目２目」を繰り返します。
偶数段は逆操作で、表目２目から始まり「裏目３目、表目２目」を繰り返します。
編み地に裏目２目の列、表目３目の列が交互に配置され、縦方向の畝(うね)ができます。

表目
裏目
→4
←3
→2
←1(作り目)
15
10
5
1

□ = | 表目　　− 裏目

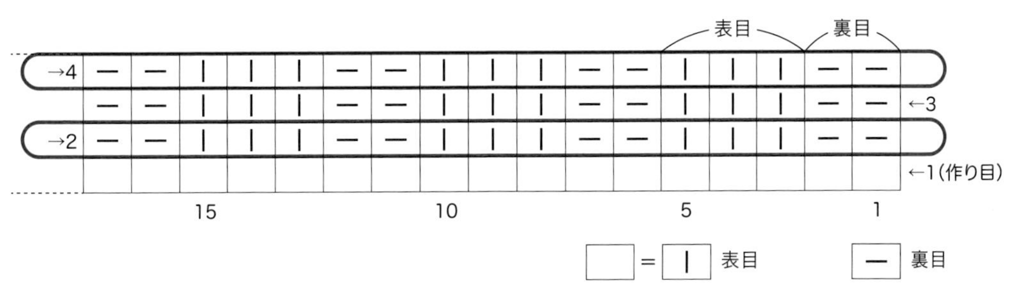

作り目を作ります

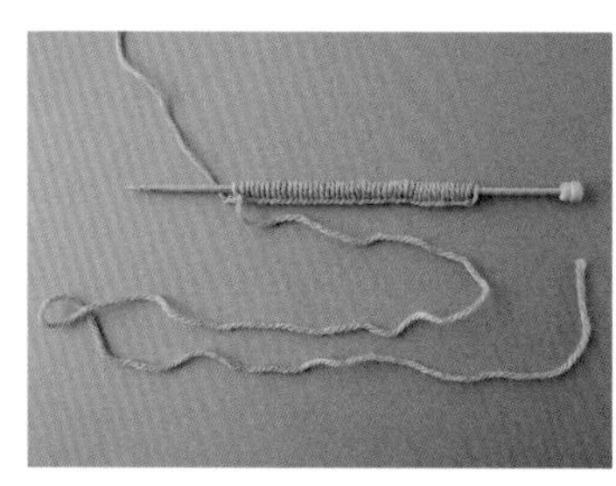

1　すくいとじ用の糸も含め、糸端を約135cm残してから始め、指でかける作り目を47目作ります。

本体を編みます

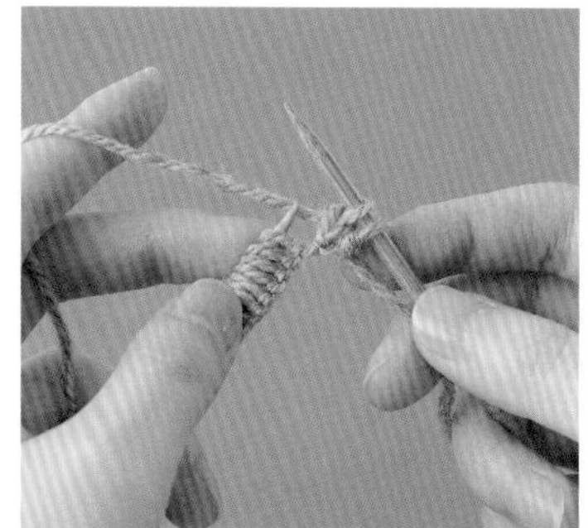

2　表目を2目編みます。

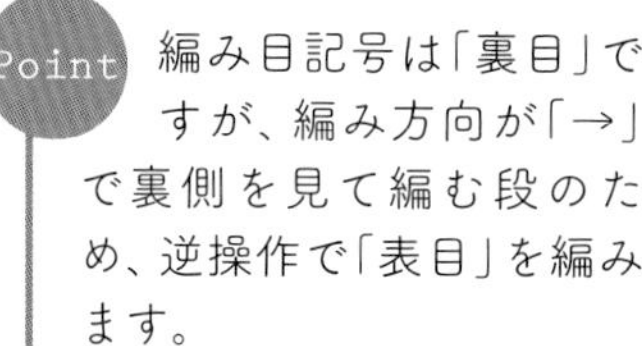

Point　編み目記号は「裏目」ですが、編み方向が「→」で裏側を見て編む段のため、逆操作で「表目」を編みます。

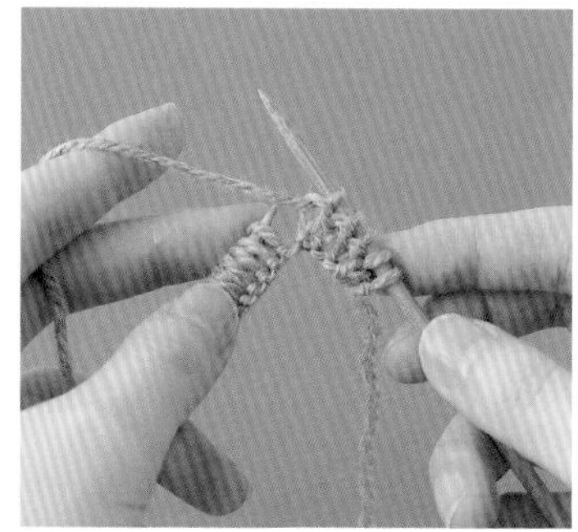

3　裏目を3目編みます。

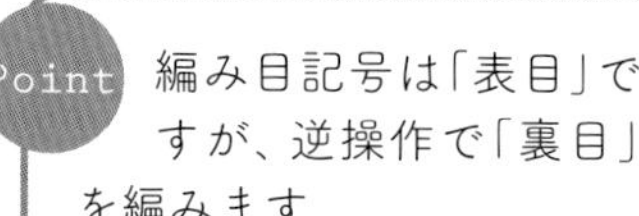

Point　編み目記号は「表目」ですが、逆操作で「裏目」を編みます。

4　表目を2目編みます。3～4を最後まで繰り返します。

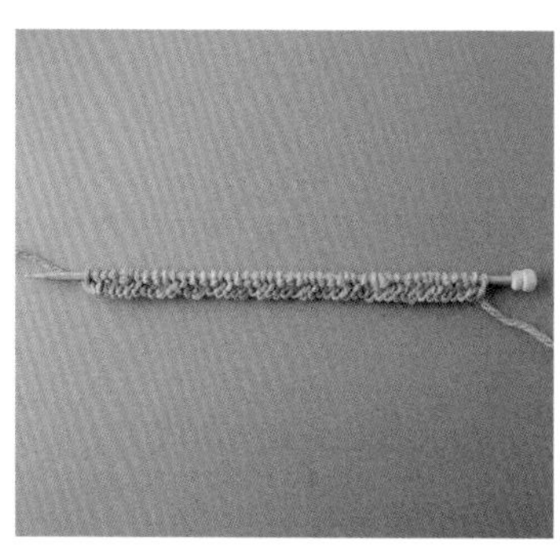

5　2段めが編めました。

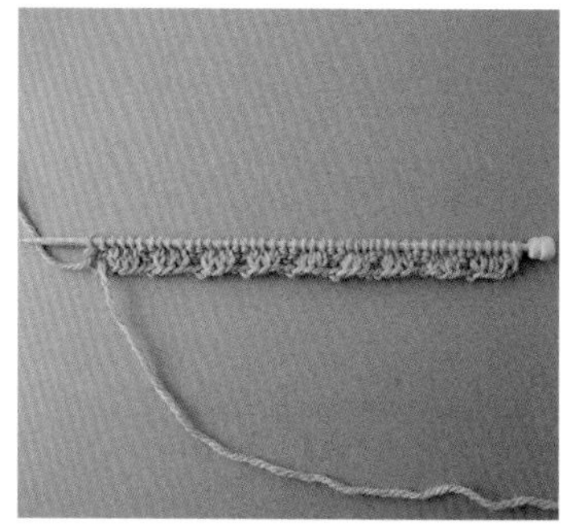

6　3段めは編み目記号通りに編みます。

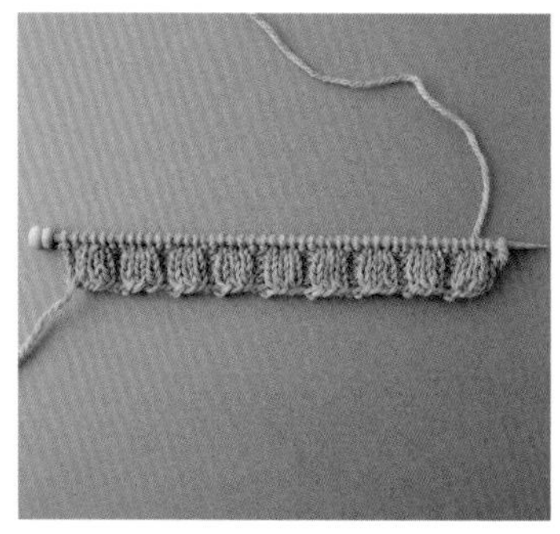

7　6段編んだところです。ゴム編みの模様がはっきりしてきました。

8　108段まで編みました。腕の長さに合わせて段数を変えてもOKです。段数を変える場合は偶数段で終わってください。

伏せ止めをします

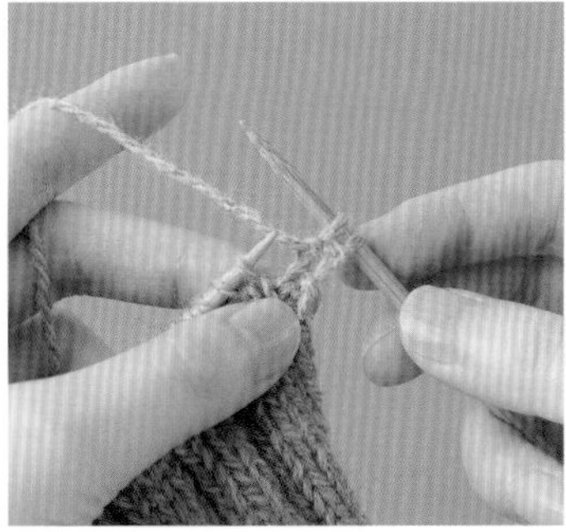

9 裏目を2目編みます。

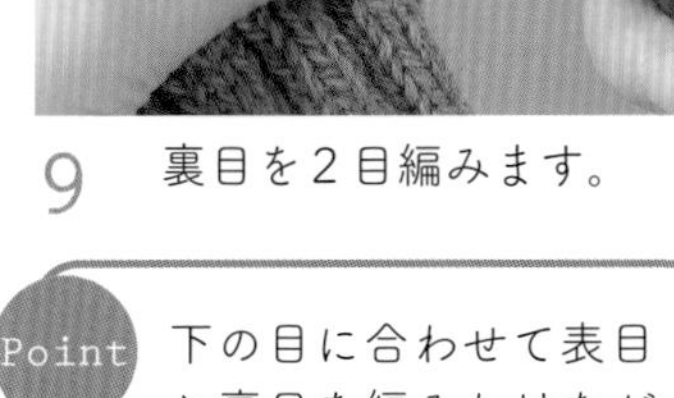

Point 下の目に合わせて表目と裏目を編みわけながら伏せ止めをします。

10 1目めに左針を入れ、かぶせます。

11 裏目の伏せ止めができました。

12 次は表目を1目編み、伏せ止めをします。

13 伏せ止めができました。伏せ止めをする段も、ゴム編みの続きを編むように表目と裏目を編みながら伏せ止めをします。

14 15目まで伏せ止めしたところです。ゴム編みの畝に合わせて、伏せ止めした目もうねります。

Point 編み地の幅が変わっていないか確認してみましょう。手が入らないほど縮まっている場合は、伏せ止めがきつくなっています。手加減をゆるめましょう。

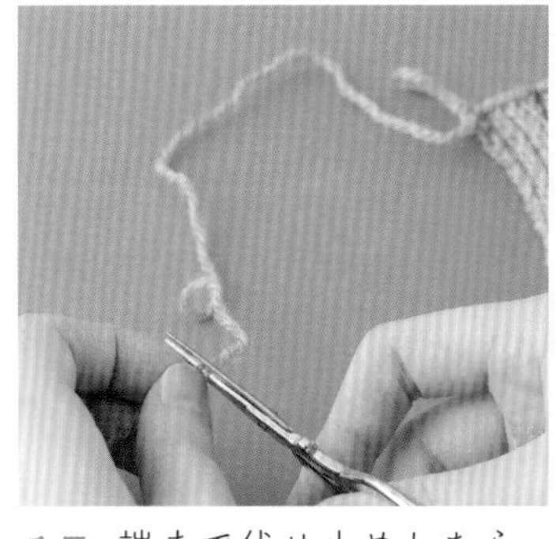

15 端まで伏せ止めしたら、指先側のすくいとじ用に約20cm(すくいとじ幅×約3倍)の糸を残して切ります。

16 糸端を輪に通して目を止めます。

動画でもcheck

親指穴以外をすくいとじします

17 編み始めの糸端にとじ針を通し、作り目の1目めに編み地の裏から針を入れます。

18 糸端が出ている方の、作り目の1本をすくいます。

19 次からは左右の1目内側のシンカーループを交互にすくいます。裏目どうしのすくいとじですが、手順は59ページのすくいとじと同じです。

Point

○OK
写真はシンカーループをすくっています。

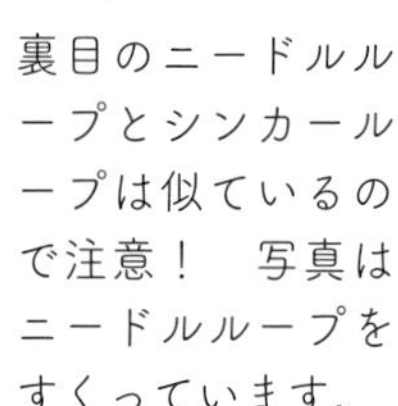

×NG
裏目のニードルループとシンカーループは似ているので注意！ 写真はニードルループをすくっています。

20 途中まですくったところです。すくいとじの糸が見えないように糸を引きます。

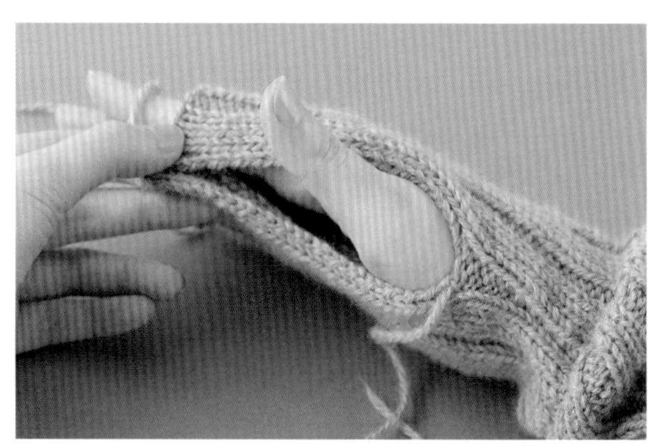

21 手にはめてみて、親指穴の位置を決めます。

22 すくいとじの最後は端1目どうしに針を入れて糸を3～4回巻いて補強します。

23 糸始末は、裏側のとじ代を使います。

24 次に編み終わりの糸端にとじ針を通し、反対方向からすくいとじをします。伏せ止めした目の2本に裏から針を入れます。

25 糸が出ている方に戻り、写真のように1本すくいます。

26 左右の1目内側のシンカーループを交互にすくいます。

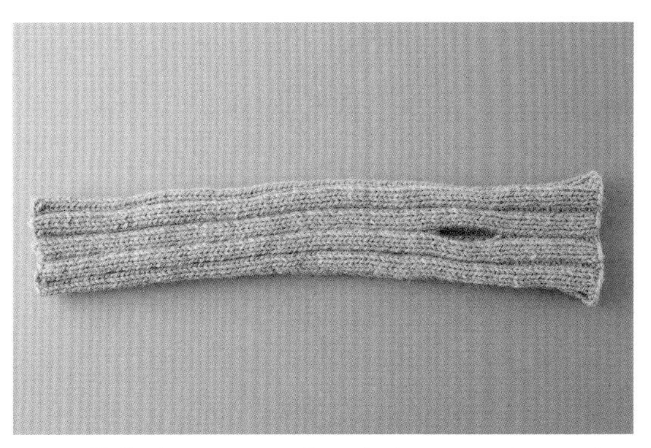

27 親指穴のところまですくいとじをしたら、22と同じように3～4回巻いて補強します。糸始末をしたら完成です！

クロスヘアバンド

メリヤス編みと、かのこ編みの編み地をクロスさせて、
2つの編み地を楽しめるヘアバンド。
かのこ編みははじめて出てきますが、
表目と裏目を交互に編むだけなので、
はじめてさんにも挑戦しやすい模様編みです。

糸：DARUMA「原毛に近いメリノウール」
特色：ふわふわしてやわらかく、とても軽い糸
カラー：col.16サンドベージュ

Arrange

片側はかのこ編みのかわいらしさ、もう一方は、メリヤス編みの丸まりが楽しめます。
こっくりとした深い色合いの毛糸にしても魅力的！

カラー：col.4フォレストグリーン

用意するもの

［糸］DARUMA「原毛に近いメリノウール」
col.16サンドベージュ … 30g（1玉30g 91m）

［針］棒針10号、6号

［その他］とじ針No.12、13くらい

Arrange（色違い）

［糸］DARUMA「原毛に近いメリノウール」
col.4フォレストグリーン … 30g（1玉30g 91m）

編み方

1 棒針10号で本体を編みます。編み始めの糸端は、作り目分にプラスして巻きかがり用（かがり幅×約3倍）も含め、約60cm残しておきます。

2 針を6号に変え、本体から続けてひも部分を1目ゴム編みで編みます。

3 伏せ止めをして、糸始末分を残して糸を切ります。

4 2つの本体をクロスさせて巻きかがりで輪にし、ヘアバンドに仕上げます。

本体 ※メリヤス編みとかのこ編みを1本ずつ編む

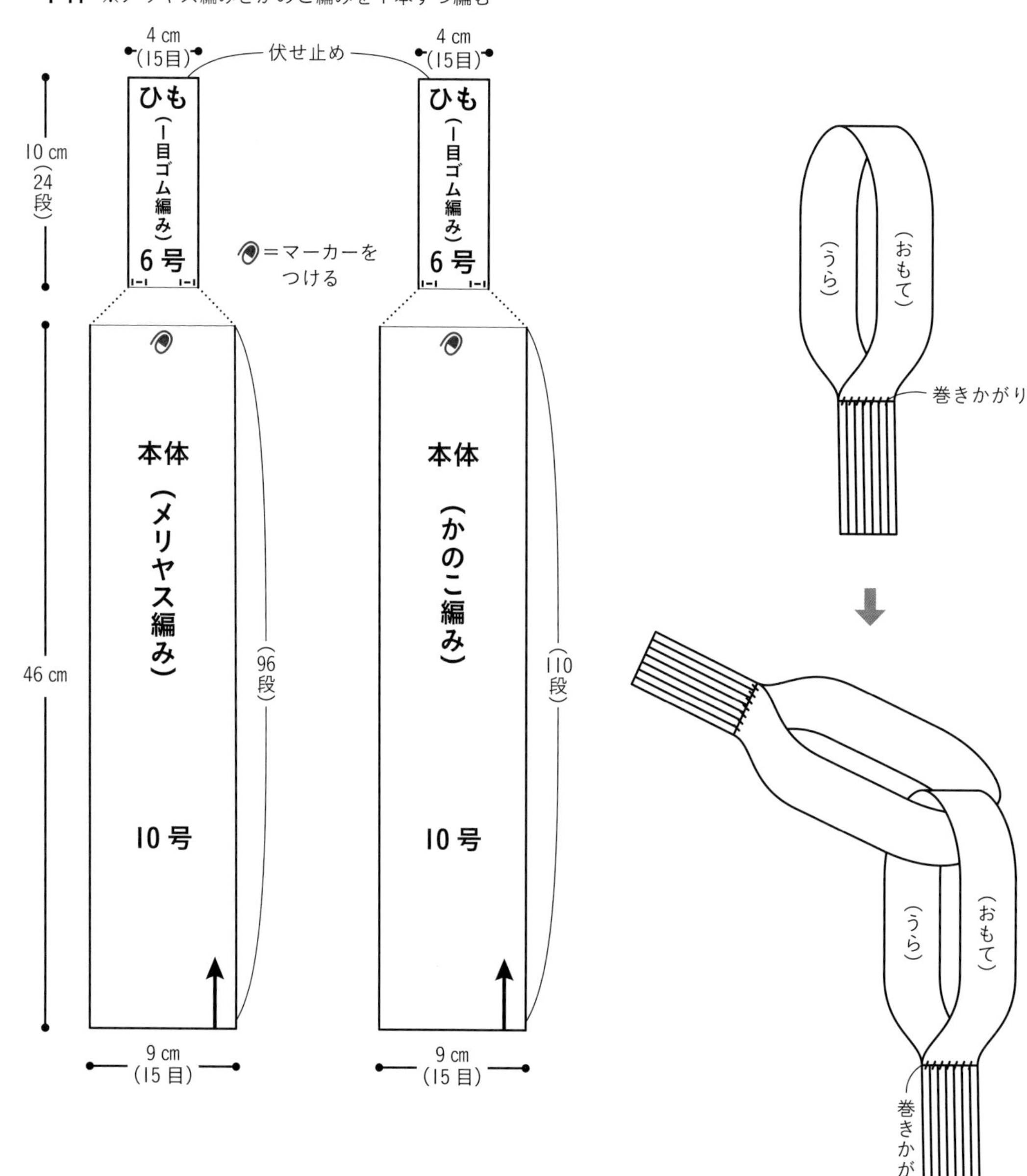

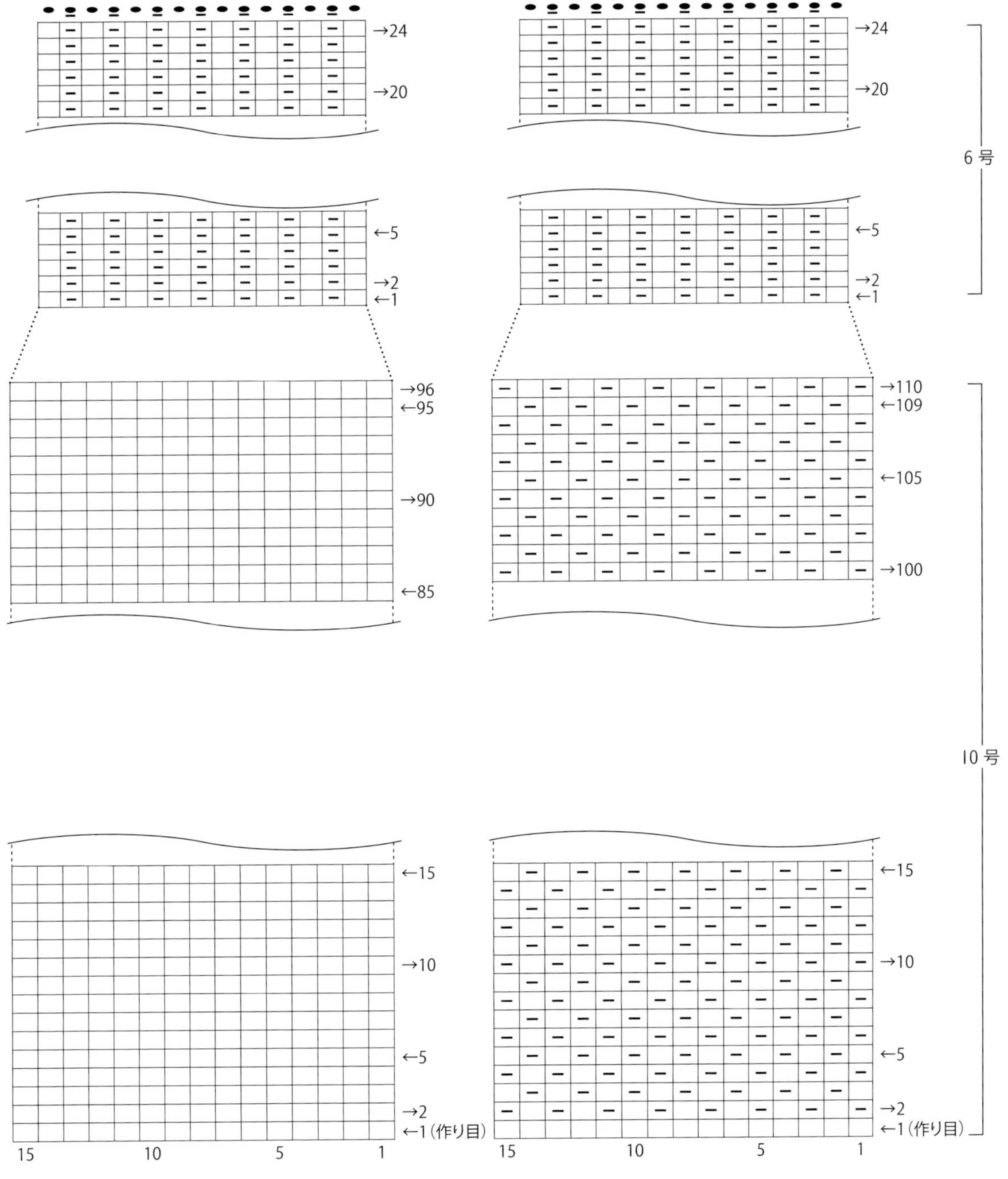

□ = [I] 表目

[−] 裏目

● 伏せ止め

裏目の伏せ止め

本体を編みます（棒針10号）

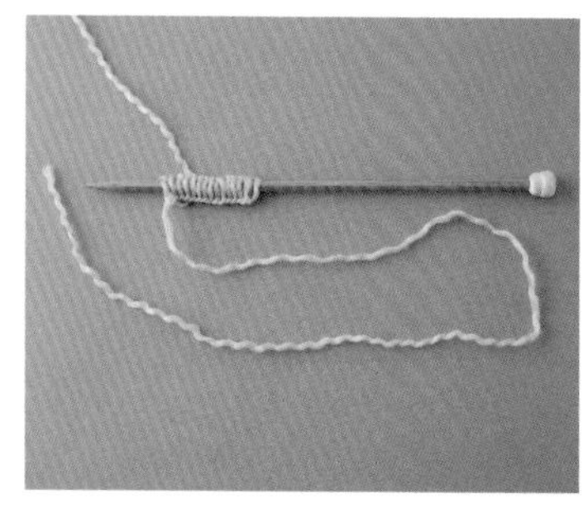

1　巻きかがり分の糸も含め、糸端を約60cm残してから始め、指でかける作り目を15目作ります。

2　「メリヤス編み」「かのこ編み」２種類の模様をそれぞれ編み図の段数まで編みます（かのこ編みの編み方は92ページ）。

ひも部分を編みます（棒針６号）

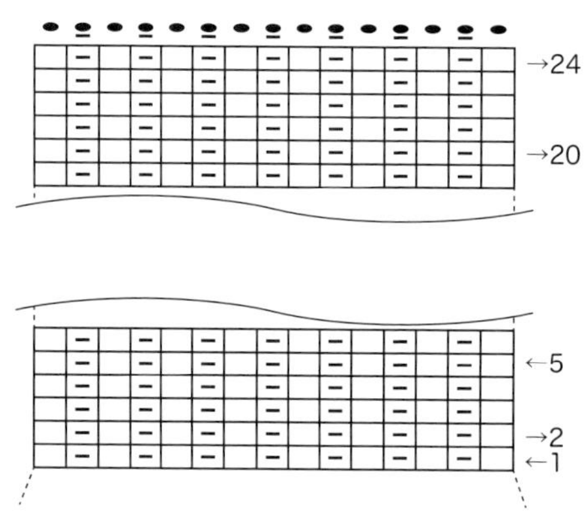

3　６号棒針に替えて、１目ゴム編みを編みます。１目めは表目を編みます。

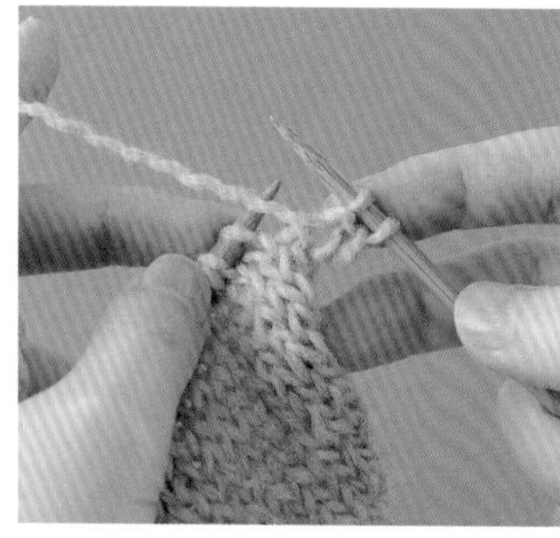

4　２目めは裏目を編みます。

5　１目ずつ交互に表目、裏目を編みます。７目まで編んだところです。

6　端まで編みました。最後は表目で終わります。

7　１段めを編んだら本体の最終段にマーカーをつけておきましょう。

8　２段めは裏目から始まり、表目、裏目を１目ずつ交互に編みます。これが１目ゴム編みです。

9　24段まで繰り返します。本体の最終段にマーカーをつけてあるので何段編んだか数えやすいです。写真は６段編んだところです。

■ 伏せ止めをします

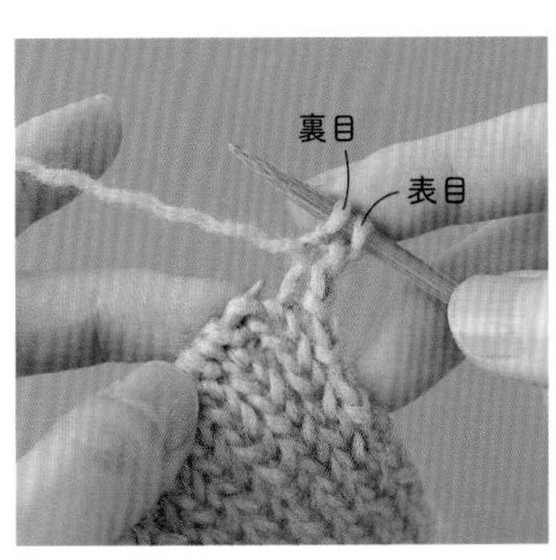

10　１目ゴム編みの続きを編むように２目めまで編みます。

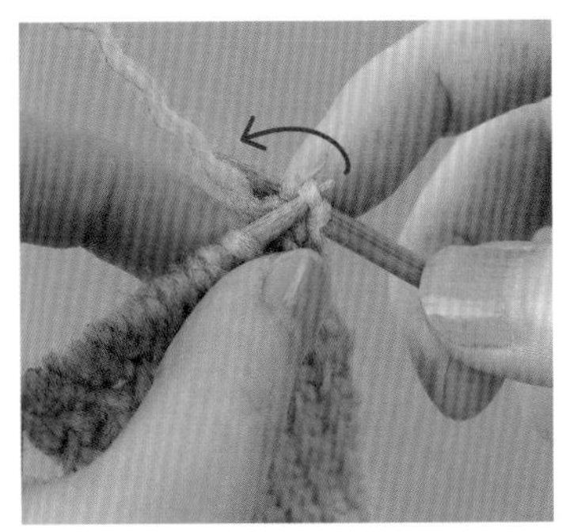

11　左針を１目めに入れてかぶせます。

12　伏せ止めが１目できました。

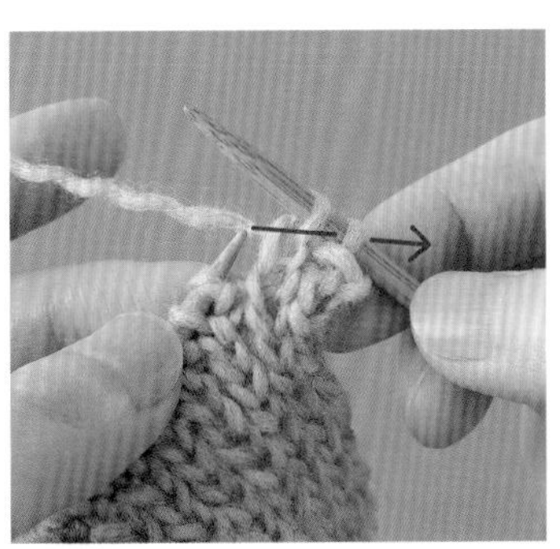

13　次は表目を１目編んでからかぶせます。

14 伏せ止めが２目できました。最後まで繰り返します。

15 最後は糸始末分（７～８cmくらい）の糸を残してカットし、ループの中に糸端を通して目を止めます。

Point 下の目に合わせて表目と裏目を編みわけながら伏せ止めをします。

＼ check ／

かのこ編み

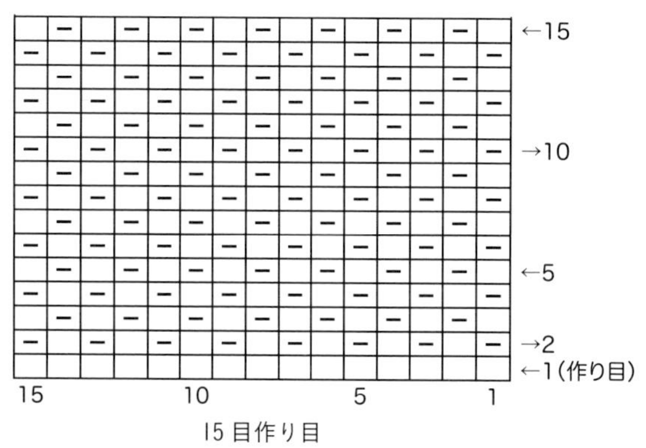

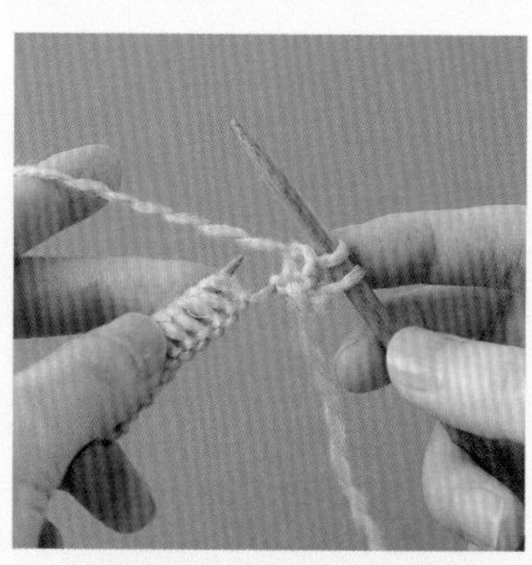

1 ２段めは編み目記号の逆操作なので表目１目、裏目１目で編み始めます。

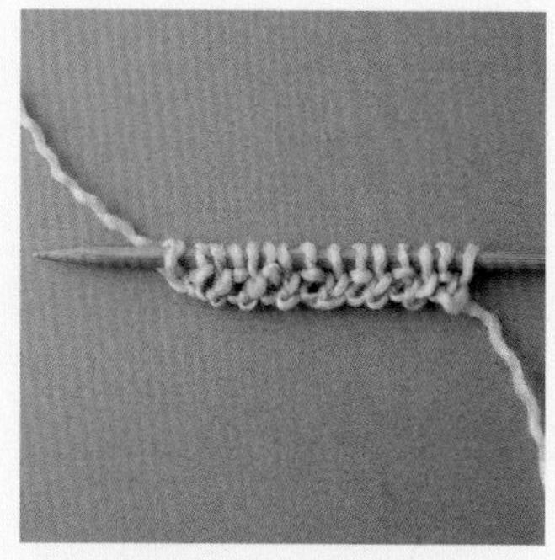

2 表目１目、裏目１目を繰り返し、最後は表目１目で終わります。

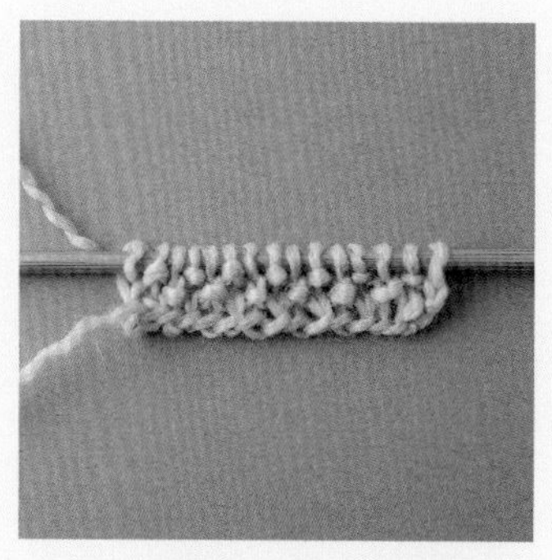

3 ３段めは編み目記号通り、表目１目、裏目１目を繰り返し、最後は表目１目で終わります。

4 24段まで編めたところです。編み図は複雑に見えますが、毎段「表目１目、裏目１目…表目１目」を編むだけです。

ヘアバンドに仕立てます

16 本体を外表で二つに折り、巻きかがりをします。編み始めの糸端をとじ針に通し、1目ゴム編みの1段めの端の目を1本すくうように針を入れます。

17 作り目側の糸1本と1目ゴム編みの1段めの糸1本をすくうように針を入れ、1目ずつかがります。

Point 編み目が見にくいですが、どの糸でもいいので同じ段の糸1本に1目ずつ針を入れましょう。

18 端までかがりました。

19 もう一方の本体を、巻きかがりが終わった本体に通します。

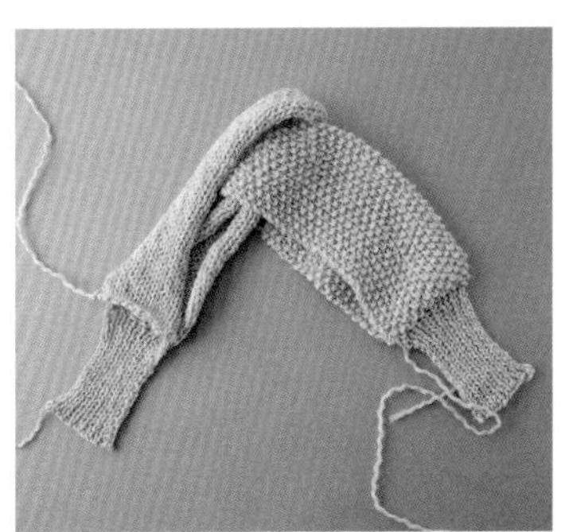

20 外表で二つに折り、同じように巻きかがりをします。

21 もう一方もかがりました。

22 ゴム編み部分は縦に半目をからめるように、かがった部分はその裏側で糸始末をして完成です！
着用するときは、ひも部分を結びます。

三角ショール

ガーランドにした
三角形のモチーフと編み方は同じ。
増し目の復習をしながら、
好きなサイズになるまで
棒針編みを楽しんでください。
標準より太い針を使うことで
やわらかく軽いショールになります。

糸：DARUMA「メリノスタイル並太」
特色：きめ細やかなウールで、深味のある色合いが魅力
カラー：col.1きなり

Arrange
胸元で結んでもかわいい！
毛糸の色はお好みで替えてください。

カラー：col.13マスタード

用意するもの

〔糸〕DARUMA「メリノスタイル並太」
col.1きなり … 120g（1玉40g 88m）

〔針〕輪針10号

〔その他〕とじ針No.13くらい

Arrange（色違い）

〔糸〕DARUMA「メリノスタイル並太」
col.13マスタード … 120g（1玉40g 88m）

編み方

1 輪針1本で、指でかける作り目を3目編みます。

2 2段ごとにショールの片側でかけ目をして目を増やしながら本体を編みます。

3 伏せ止めして糸始末をします。

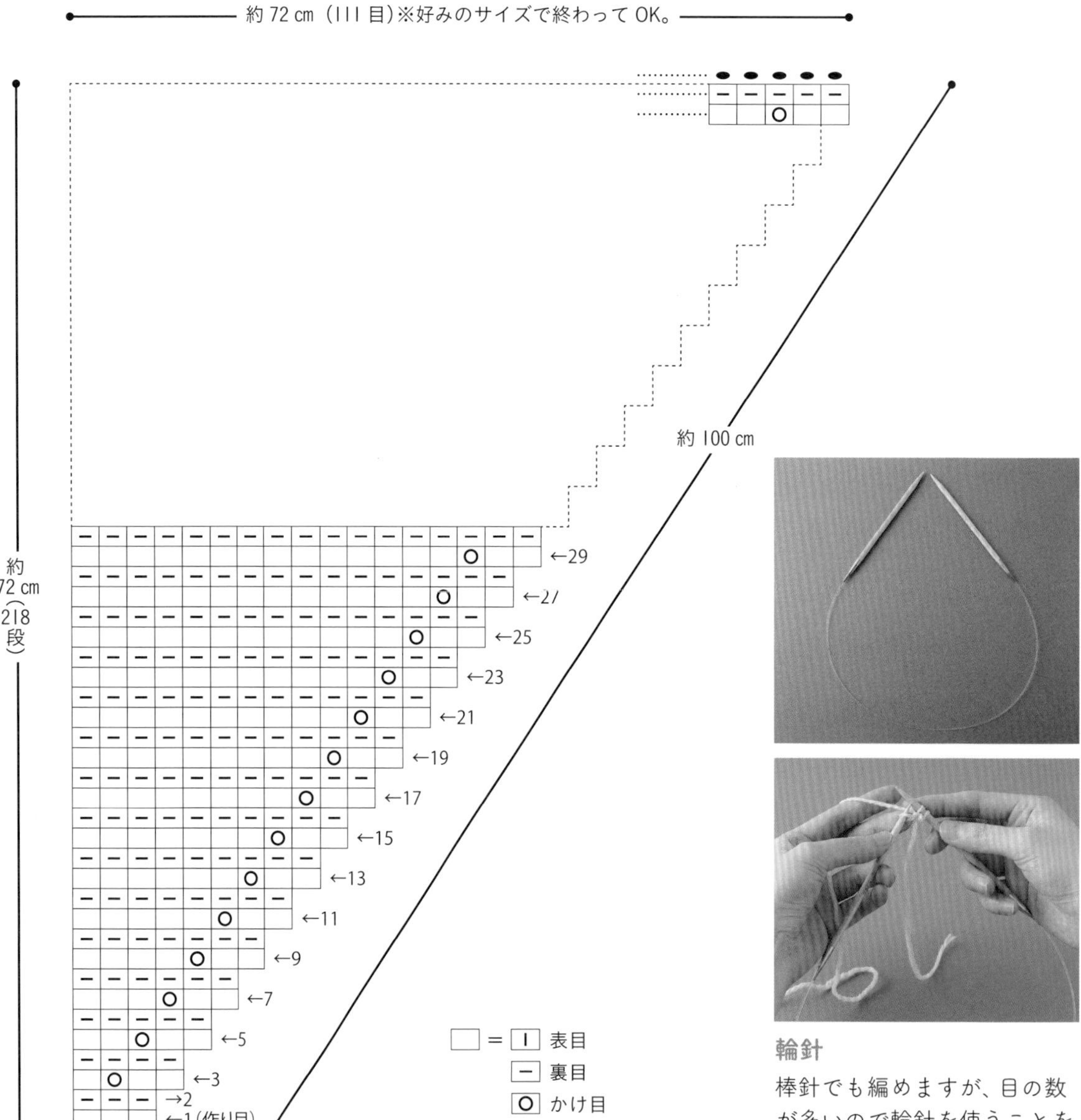

輪針

棒針でも編めますが、目の数が多いので輪針を使うことをオススメします。使い方は棒針と同じですが、コードに目がたまるので針を持つ時の指への負担が軽くなります。

作り目を作ります

1　輪針の片側１本で、指でかける作り目を３目作ります。

本体を編みます

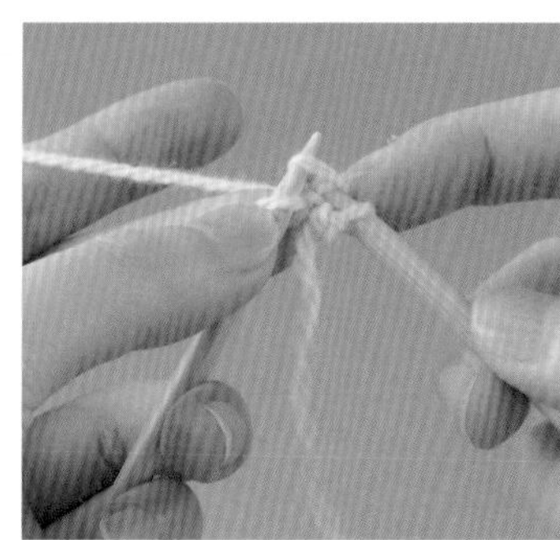

2　２段めは表目を３目編みます。

3　３段めは、表目を２目編み、かけ目をします。

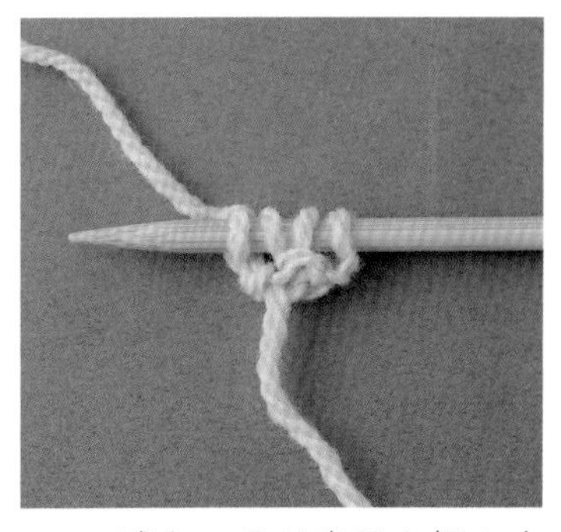

4　残りの目は表目を編みます。１目増えて４目になりました。

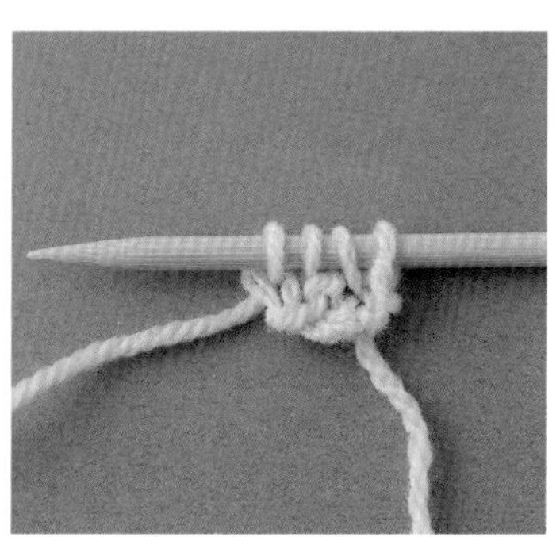

5　４段めは増し目をせず表目を編みます。

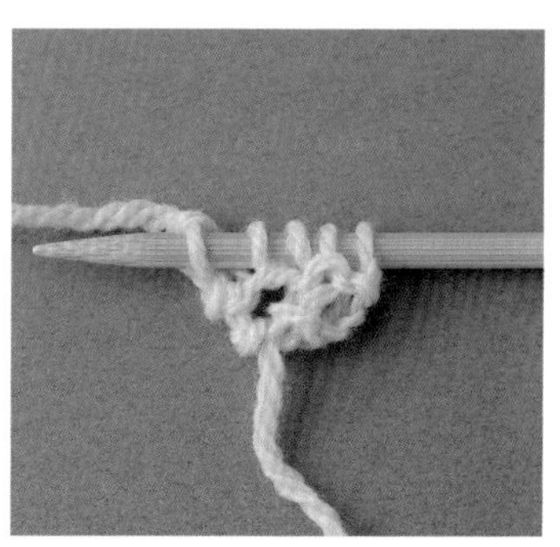

6　５段めは３段めと同じように、かけ目をして目を増やします。

7　18段編んだところです。かけ目でできた穴が斜めのラインを作っています。

完成です

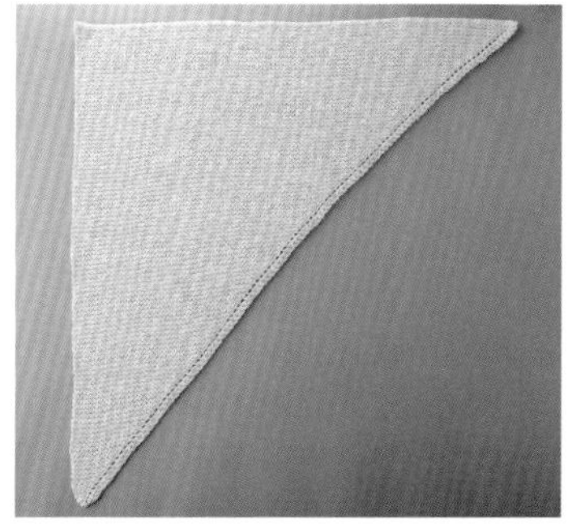

8　最後は伏せ止めをして、糸始末をしたら完成です！

Point　編み始めと編み終わりの糸始末は、縦に通すと角がきれいに出ます。糸替えをした部分はミニマフラーと同じように糸を交差させてから糸始末をしましょう（77ページ9参照）。

マスクカバー

不織布マスクの上に重ねる
マスクカバー。
これまでに学んだ
増し目や減らし目のほかに
新しいテクニックも盛り込みました。
小さいけれど編みごたえがありますよ。

糸：sawada itto「Puny」
特色：太めで編みやすく、洗えて軽いポリエステル糸
カラー：グレージュ

Arrange
好きな色で編んで
服とのコーディネートも
楽しんでみてください。

カラー：ネイビー

用意するもの

［糸］sawada itto「Puny」グレージュ
　…10g（1玉35g 80.5m）
［針］棒針10号
［その他］とじ針No.12くらい

Arrange（色違い）
［糸］sawada itto「Puny」ネイビー
　…10g（1玉35g 80.5m）

編み方

1. 指でかける作り目で編み始めます。
2. ガーター編みをしながら、マスクのひもを通す穴を作ります。
3. カバー本体はメリヤス編みをしながら増し目と減らし目で立体にします。編み地の両端の目がきれいに並ぶように、毎段編み始めですべり目をします。
4. もう一方のひも通し穴を編みます。
5. 伏せ止めをして糸始末します。

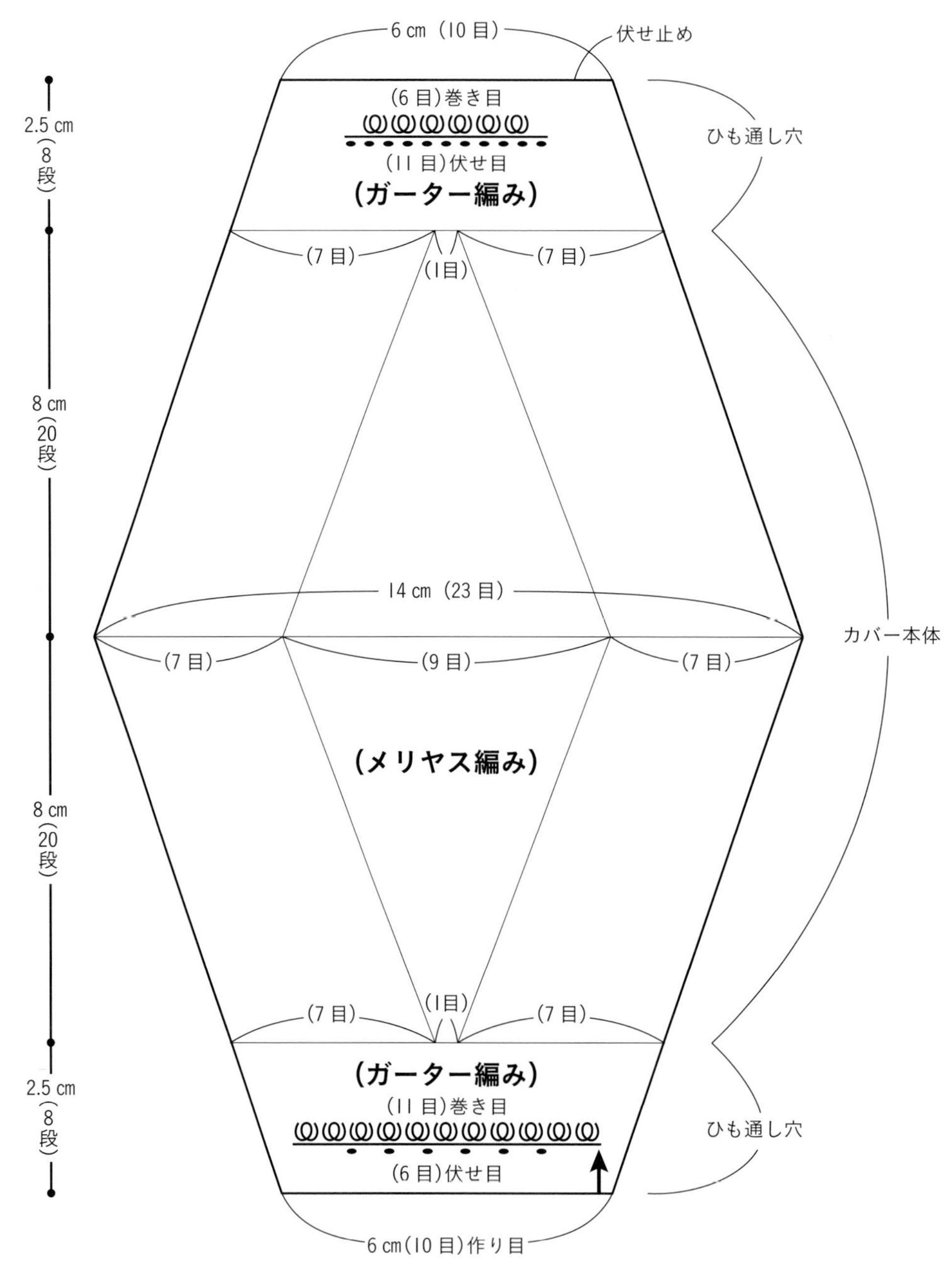

これまで学んだことの総復習！
編み図を見ながら編んでみましょう。
初めてのテクニックや迷いそうなところはCheck Pointにまとめています。

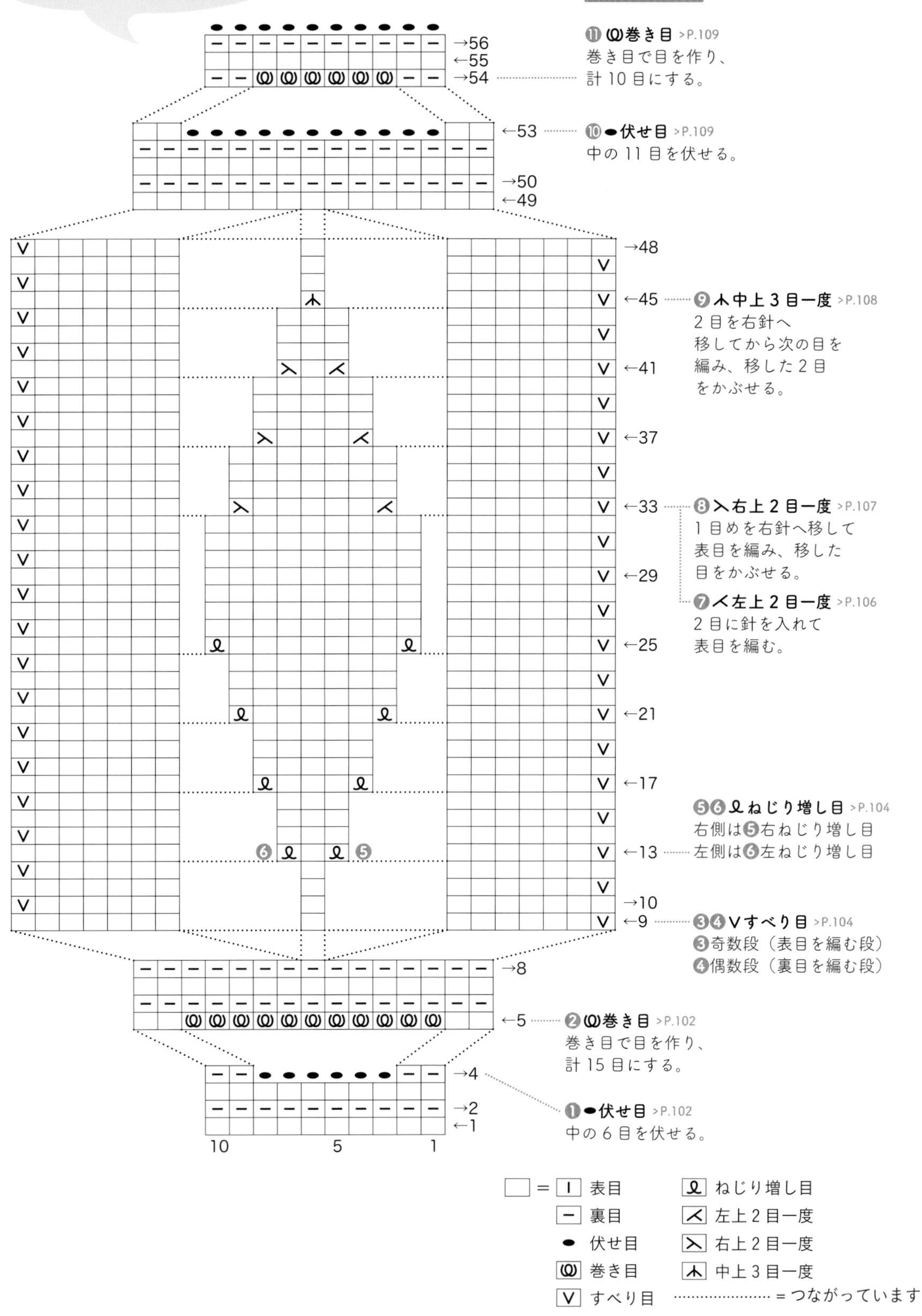

> Check Point ❶ 伏せ目 ●

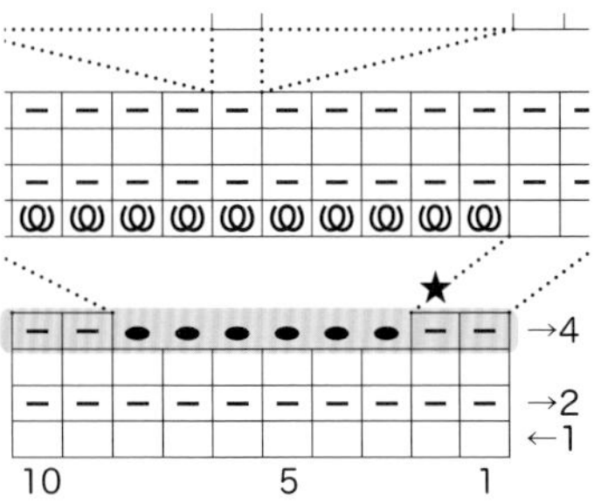

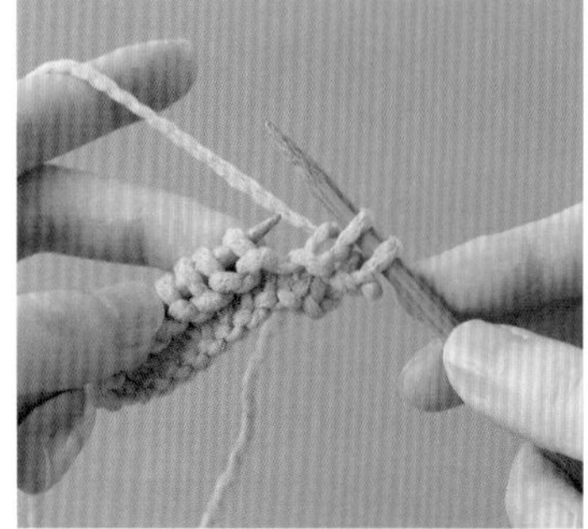

1 表目を2目編みます。

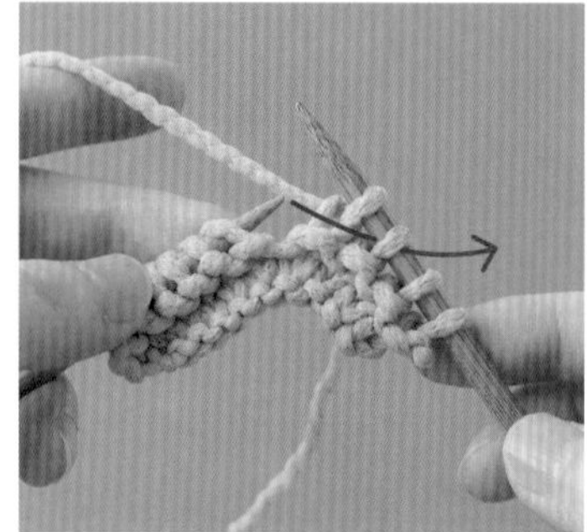

2 伏せ目をするための表目をもう2目編み、左針を矢印のように入れてかぶせます。

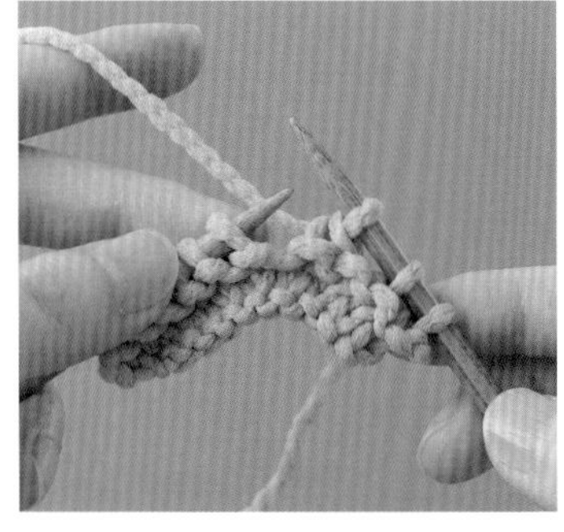

3 伏せ目が1目編めました。伏せ方は「伏せ止め」と同じです。

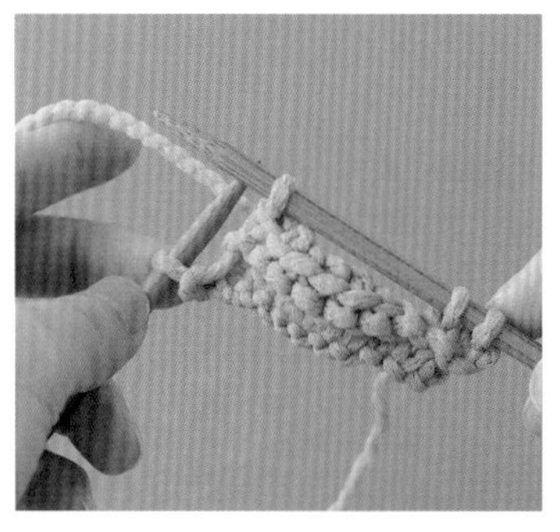

4 伏せ目を6目編みます。6目めを伏せるために★の目を編むので左針には1目だけ残っています。

5 4段めが編めたところです。

> Check Point ❷ 巻き目

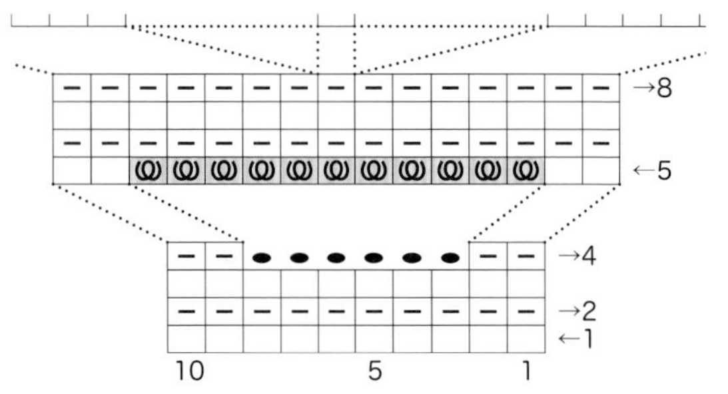

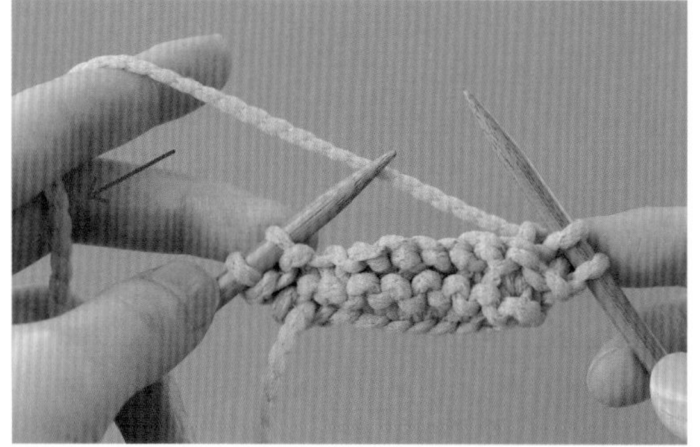

1 巻き目は、人さし指にかけた向こう側の糸に右針をかけます。

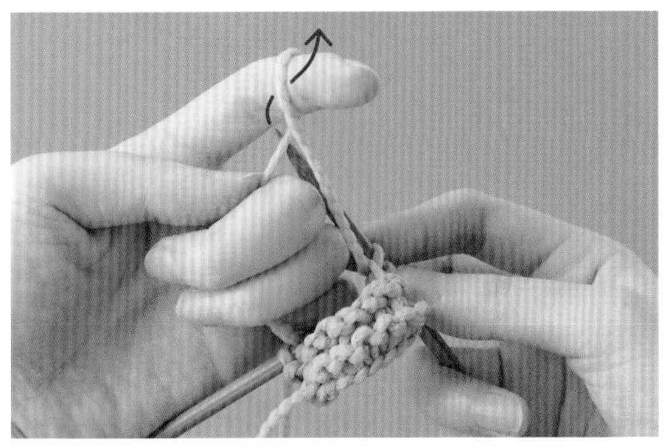

2　左手を少し回し、向こう側から矢印のように右針を入れます。

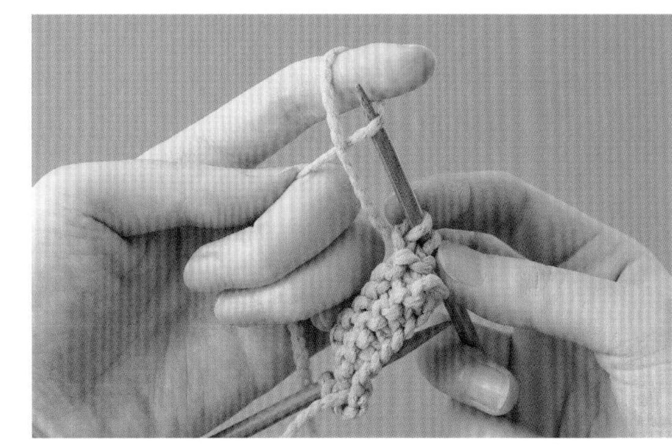

3　糸が交差してできた輪に右針が入ったら、人さし指を外して糸を引きます。

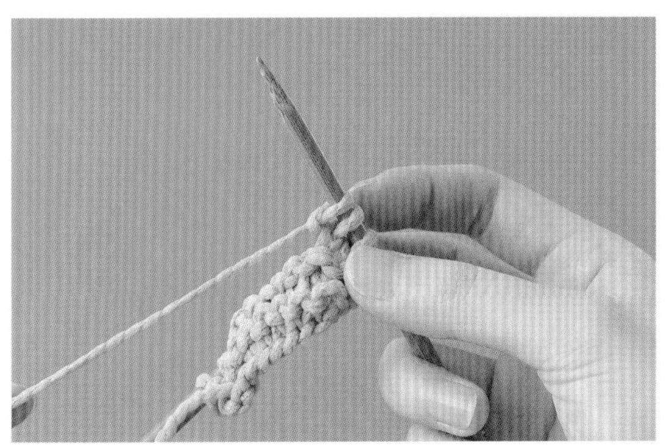

4　巻き目が1目できました。これを繰り返します。巻き目はゆるみやすいため、他の編み目よりきつめに編みましょう。

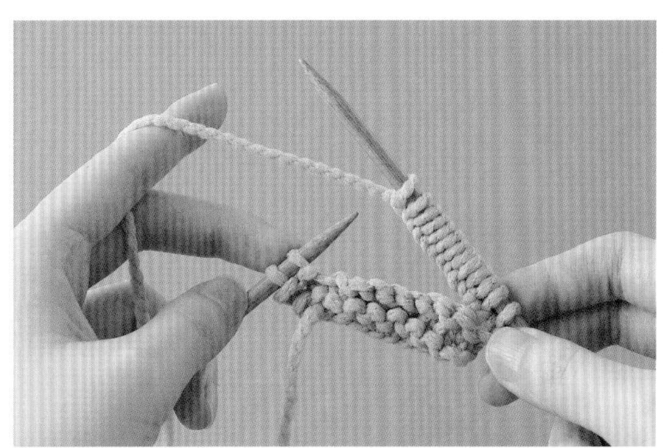

5　巻き目が11目作れたところです。

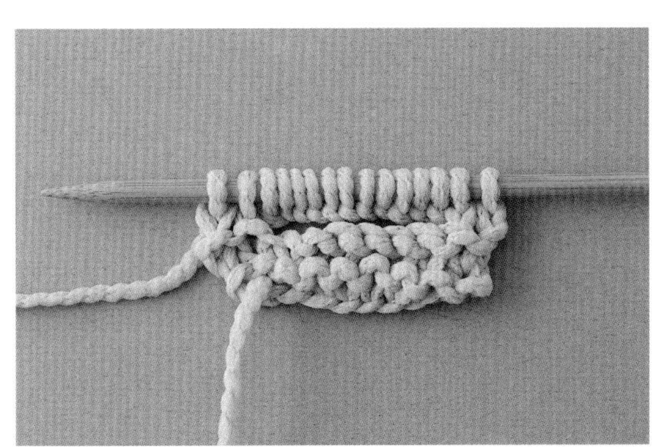

6　続きを編みます。

>Check Point ❸ すべり目 V

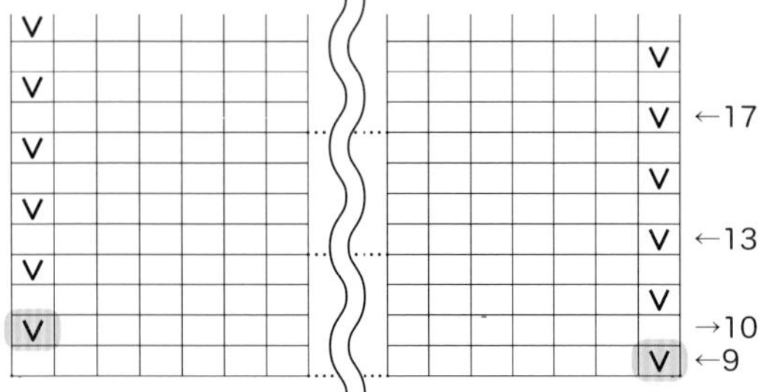

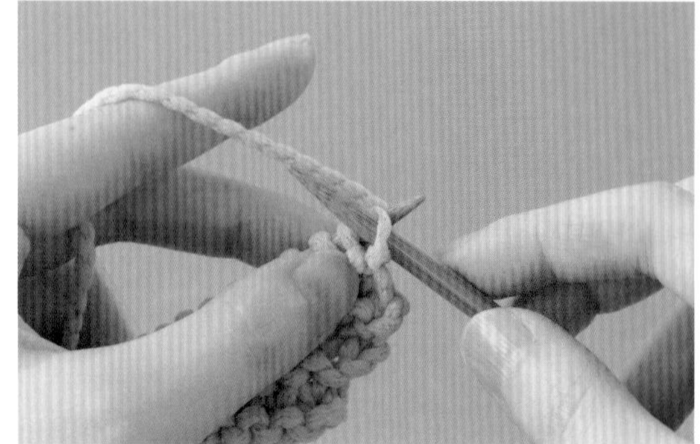

1 編み地の表側を見て編む段は糸を向こう側に置き、針先が向かい合う方向から針を入れて編まずに右針に移します。

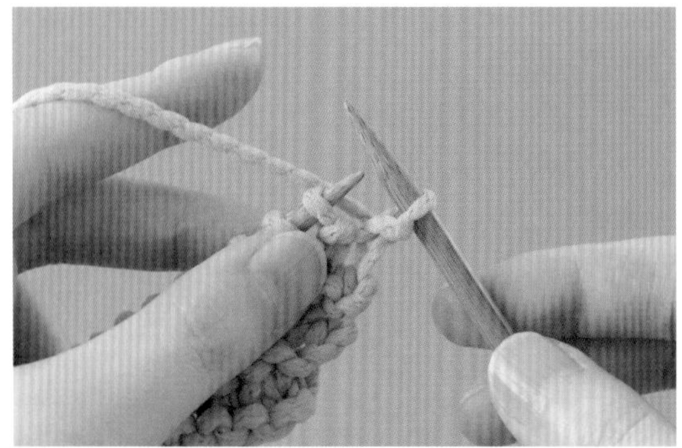

2 すべり目ができました。

>Check Point ❹ すべり目 V

3 編み地の裏側を見て編む段は、糸を手前に置き、すべり目をします。

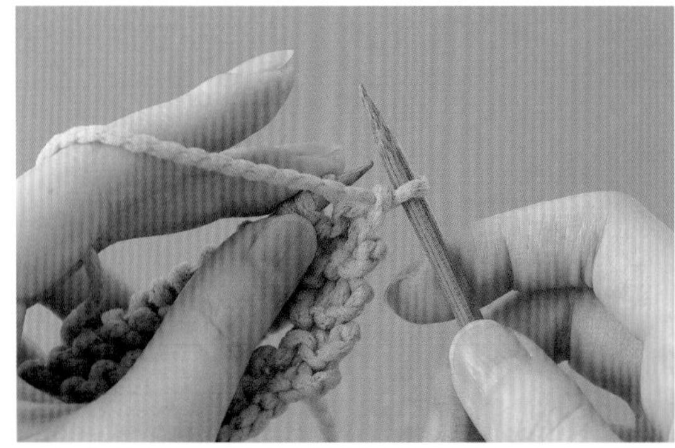

4 すべり目ができました。

Point すべり目は毎段、その段の編み始めで行います。奇数段は糸を向こう側に置き、偶数段は糸を手前に置きます。針の入れ方はどちらも同じです。

>Check Point ❺ 右ねじり増し目 ℓ（ℓ）

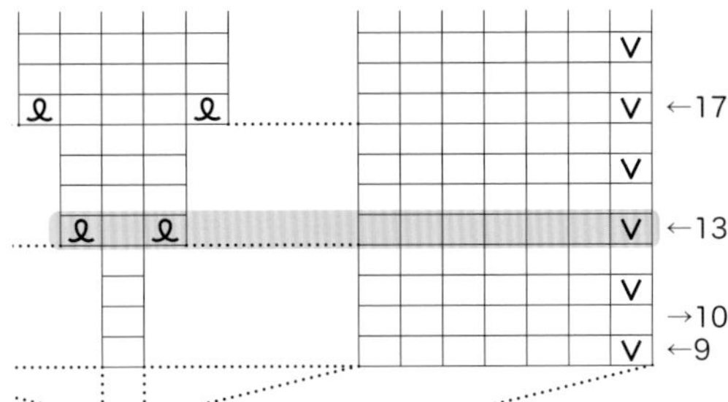

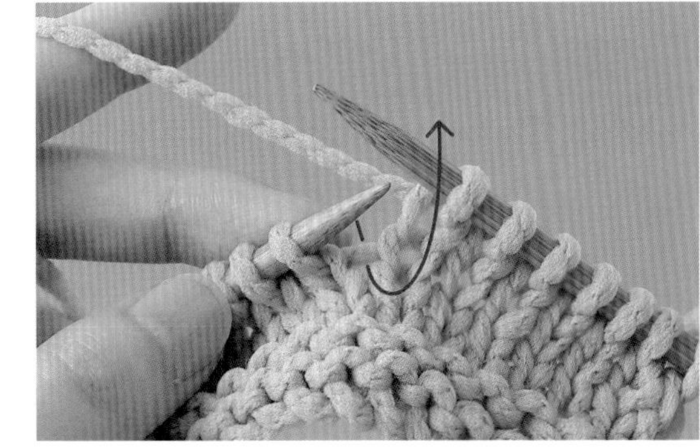

1　すべり目を含めて7目めまで編んだら、シンカーループに向こう側から左針を入れて引き上げます。

2　表目を編みます。

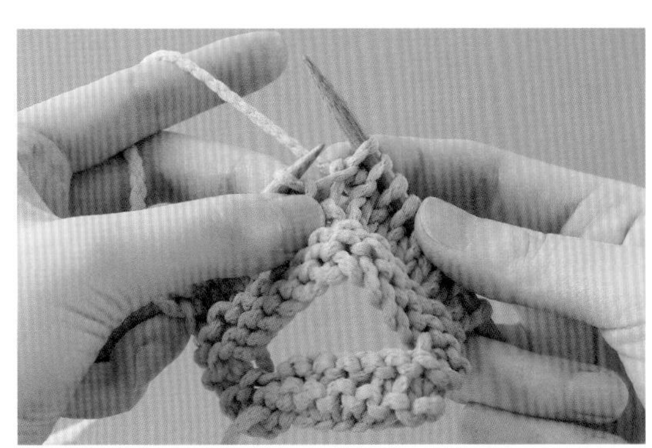

3　右ねじり増し目が編めました。

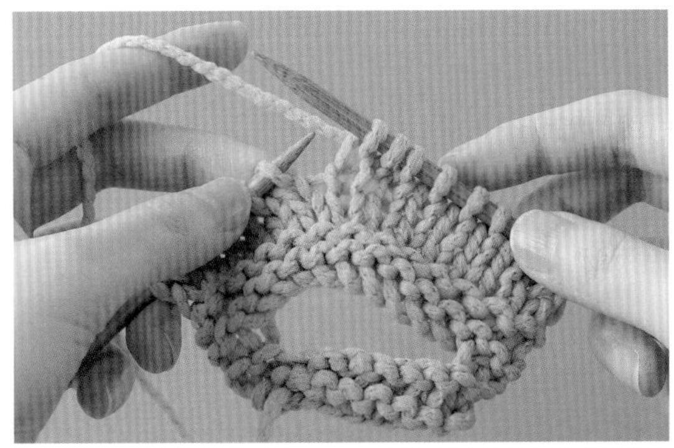

4　ねじり増し目の間に表目を1目編みます。17段めは3目、21段めは5目と増し目をするごとに増えます。

>Check Point ❻ 左ねじり増し目 ℓ（ℓ）

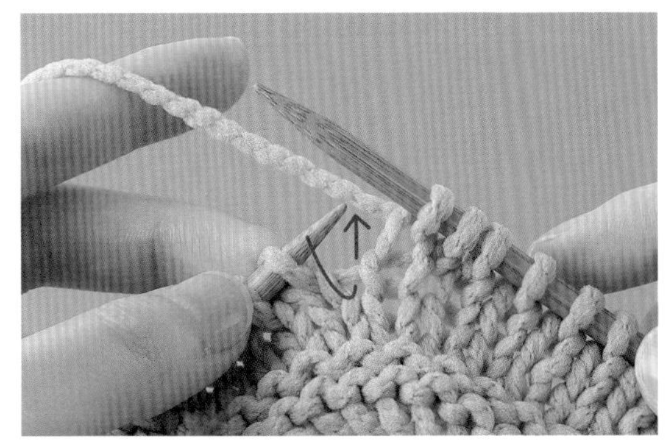

5　シンカーループに手前側から左針を入れて引き上げます。

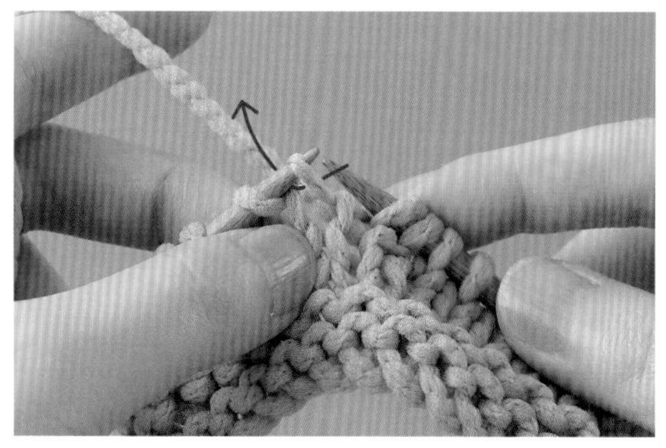

6　矢印のように針を入れ、表目を編みます。

7　左ねじり増し目が編めました。

＼ check ／

段の数え方（ねじり増し目）

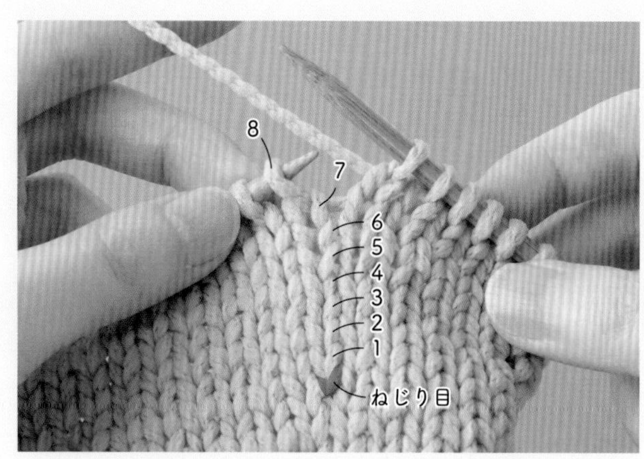

ねじり増し目を編むと、下の段がねじれます。すでに編んだねじり増し目の段から何段編んだかを数える場合は、ねじれている目の上の段を増し目をした段として数えましょう。

左の写真では「1」の段でねじり増し目を編んでいます。

＞Check Point⑦　左上2目一度

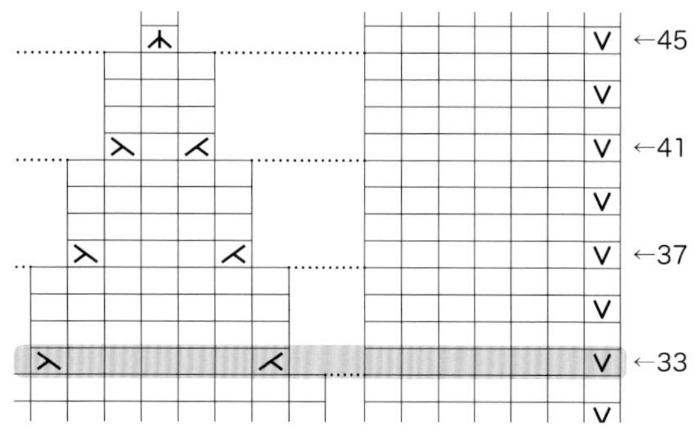

1　すべり目を含めて7目めまで編んだら、左上2目一度をします。

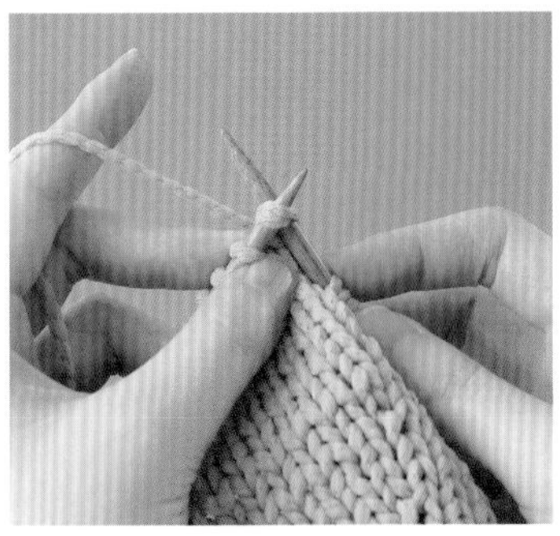
2　2目に針を一度に入れて、表目を編みます。

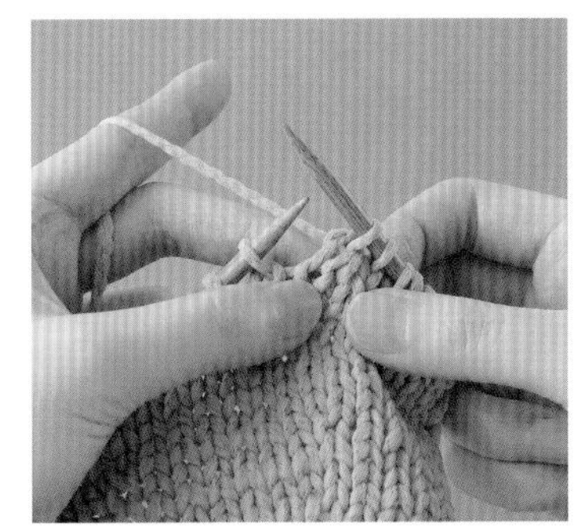
3　左上2目一度が編めました。

4　2目一度の間に表目を5目編みます。37段めは3目、41段めは1目と減らし目をするごとに表目の数が減ります。

> Check Point ⑧　右上2目一度

5　右上2目一度を編みます。1目めを右針へ移します。

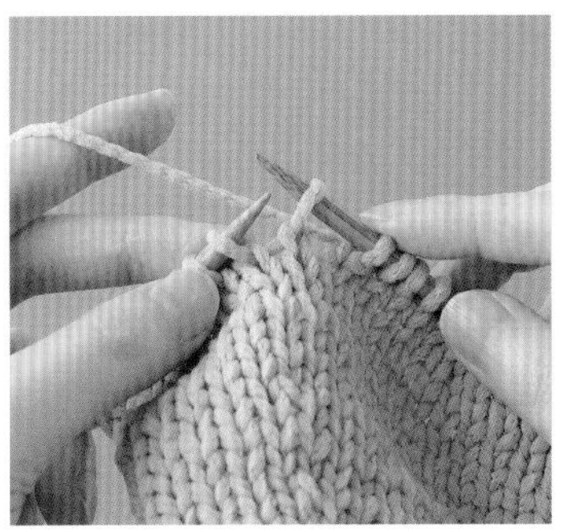
6　移したところです。

7　2目めは表目を編みます。

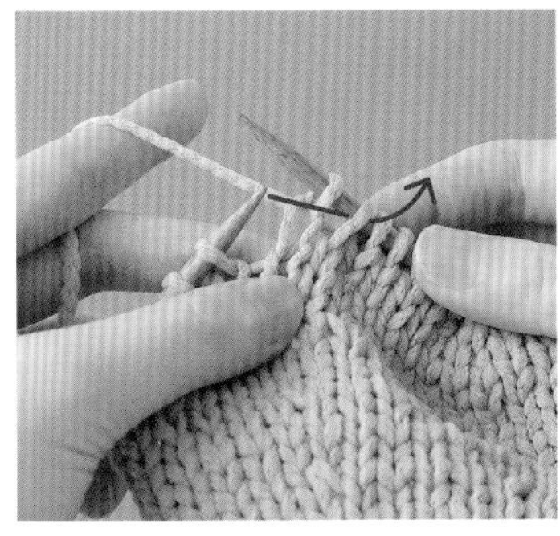
8　1目めをかぶせます。

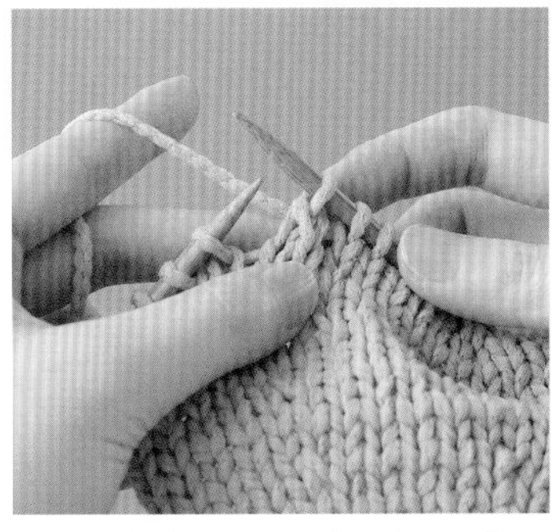
9　右上2目一度が編めました。

\ check /

段の数え方（2目一度）

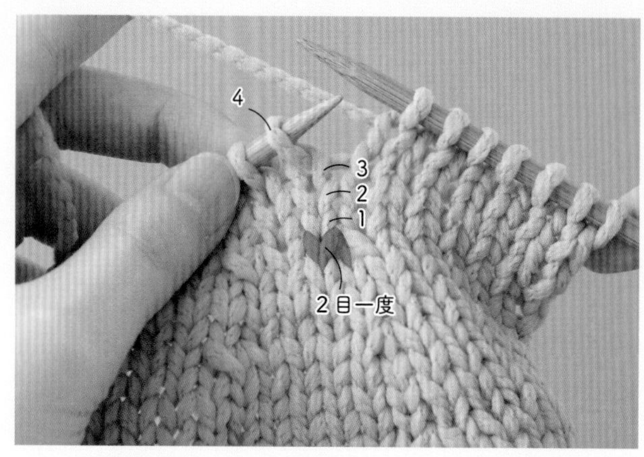

2目一度を編むと、下の段の目が重なります。すでに編んだ2目一度の段から何段編んだかを数える場合は、重なっている目の上の段を減らし目をした段として数えましょう。

左の写真では「1」の段で2目一度を編んでいます。

> Check Point ❾ 中上3目一度

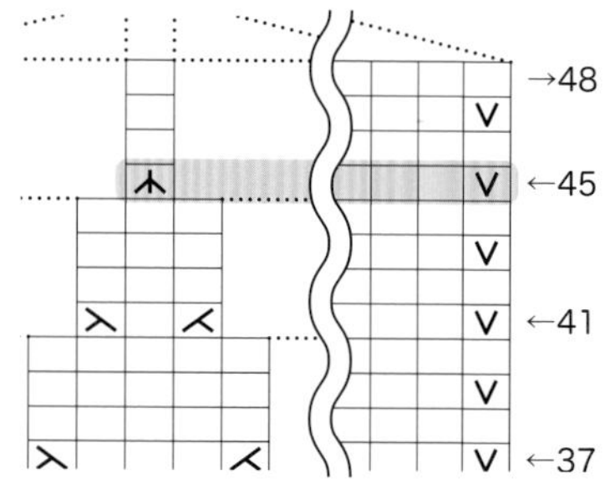

1 すべり目を含めて7目編んだら、中上3目一度をします。

2 2目に一度に針を入れ、右針へ移します。

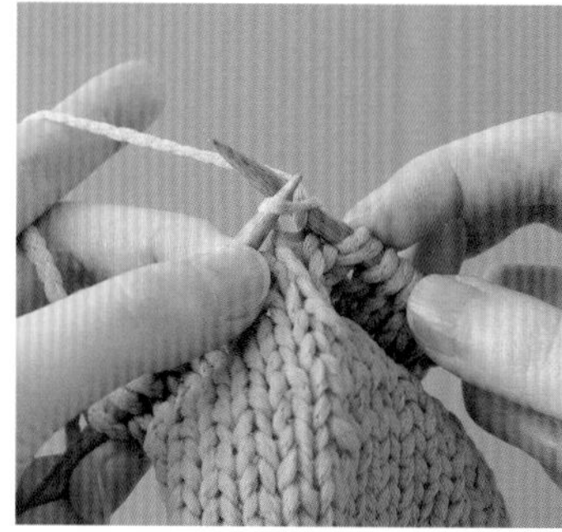

3 3目めは表目を編みます。

4 左針を1目めと2目めに一度に入れ、2目をかぶせます。

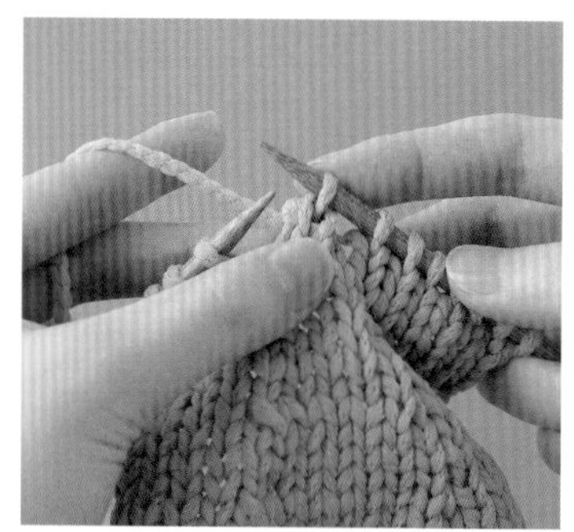

5 中上3目一度が編めました。

> Check Point ⑩ 伏せ目 ●

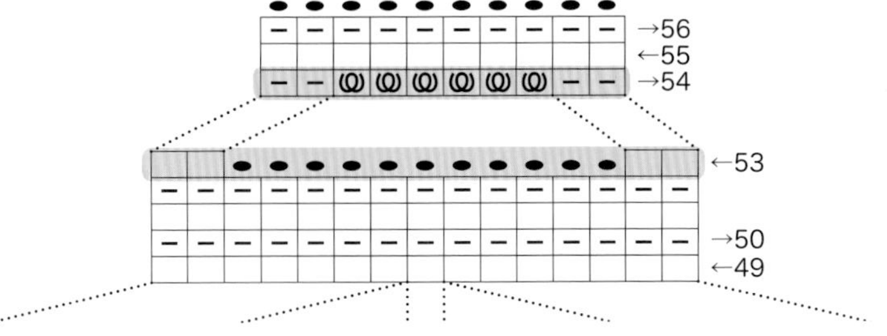

1 表目を2目編み、4段めと同じように伏せ目をします。

2 伏せ目が11目編めたところです。

> Check Point ⑪ 巻き目 ⓪

1 5段めと同じように巻き目で目を作ります。

2 巻き目で6目作れたところです。

3 最後まで編んだら伏せ止めをして、目を止めて終わります。

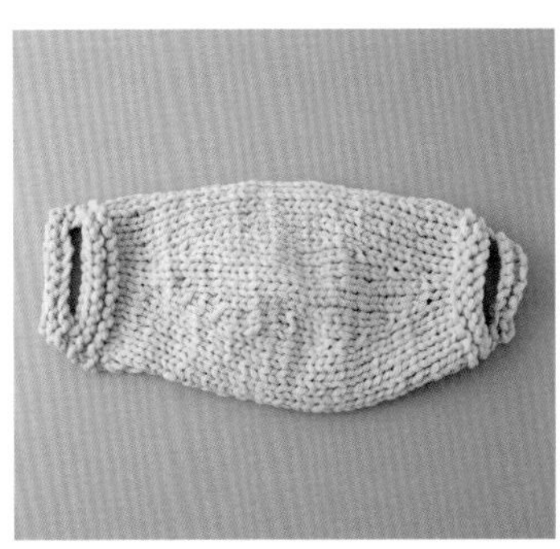

4 ガーター編みの部分で横にからめるように糸始末をしたら完成です！

イデガミ アイが答えます

編み物 質問箱

途中で間違いに気づいてしまいました。最初からやり直さないとダメでしょうか？

A. それがどんな間違いで、何を編んでいて、どのくらい時間と体力があるかなどで色々な考え方ができると思いますが、私は間違いに気づいたとき、「間違ったところまでほどいてやり直す」「全部ほどいてやり直す」「気にしないで進む」の３つの選択肢を思いつきます。
たくさんの時間とエネルギーを注いで編んでいたものをほどくのは悲しいです。なるべくならほどかないで済む方法、ほどいたとしても最小限で済む方法を選びたいです。
ただ、間違ったところからスルスルほどけてしまうような場合は「ほどいてやり直す」一択ですね！　ほどけはしないけど、その間違いのせいでこの先に面倒な修正が必要になる場合も、やり直した方が結果的に早いかな？と思います。
でももし、作品を完成させるのに大きく影響しない間違いの場合は、その時の状況や気分によっては、見なかったことにする事もあったり、なかったり。
すぐ気づいた時は戻ってやり直しますが、もう完成間近なのに最初の方の間違いに気づいてしまったら、あまりのショックで一旦現実逃避！　しばらくしたら「ほどくか？　気にせず進むか？」で葛藤しますね。
もしそこが最後の仕上げで見えなくなる場所なら直さない可能性が高いです。と言いつつ、自分用じゃなくて誰かの目に触れる作品だったらほどいてやり直すかもしれません。
大前提として、編み物を楽しむことが大事だと思っています。ほどいてやり直すかどうかは「自分が気になるか？　気にならないか？」で決めてよいと思いますので、自分の心に問いかけてみてください。
「目立たないからこのまま行っちゃえ〜！」もよし。「間違ったままじゃ気になって夜も眠れない！」なら思いきってほどきましょう！
少し話は逸れますが、そもそもほどけるっていいですよね。間違ったとしても、やり直しはいくらでもできます。間違いを恐れずジャンジャン編んでいただきたいですね。

ほどいた糸をもう１回使ってもいい？そのまま使っても大丈夫でしょうか？

A. 編み物のよいところは、ほどいて毛糸を再利用できることもあると思います。
編んでから時間が経った作品や、スチームアイロン等の仕上げをした後の作品をほどくと、毛糸がちぢれ麺のようになります。
ちぢれ麺のまま編むと編み目がきれいに出ないので（気にならない人はそのままでもいいのですが）、私はストレート麺に戻してから編むことをオススメしています。
その時はスチームアイロンを使って１本ずつ伸ばします。ただ、量が多い時はなかなかの重労働……。その場合は、ちぢれ麺の束に蒸気を当てるだけでも縮れが弱まるので、それでよしとすることもあります。
ストローの紙袋をクシャクシャにしたものに水を垂らした時のように、ニョキニョキっと糸が伸びてくるので、それを一度見てみるのもおもしろいかもしれません。
もし、スチームアイロン以外でストレートに戻す方法を編み出した場合はそれを採用してOK！　どんな方法でもストレートにできれば編み目もきれいになりますし編みやすいと思います。

INDEX　テクニック索引

※この本で最初に詳しく解説しているページを示しています

編み上がったものの仕上げ方

スチームアイロンをかけるもの、水通しするもの、仕上げなしでそのまま使うもの、作品によって様々です。この本に登場する作品にはスチームアイロンをかけてみました。スチームアイロンをかけると編み地が落ち着いてきれいに仕上がりますし、多少のサイズ調整もできます。ただ、アイロンを省略してもよかったかな？と思うくらい、変化がなかった作品もありました。完成してそのまま使えそうだったら、仕上げなしで使ってもいいと思います。
仕上げ方の正解はひとつじゃないと思っています。作品の違いだけでなく、使う糸の素材によっても最適な仕上げ方法が変わりますので、ぜひいろんな作品を編んで経験してみてください。

Profile

TORIDE de Knit　イデガミ アイ

茨城県取手市出身。編み物の箸休めは編み物というほど編み物が好き。編み物のすそ野を広げるというコンセプトのもと、未経験者・経験者に合わせた魅力的な作品づくりをして、ワークショップなどを展開している。日本手芸普及協会 手編み師範。

■インスタグラムアカウント
https://www.instagram.com/toride.de.knit/

Staff

撮　影　シロクマフォート
デザイン　ウエイド（土屋裕子）
編み図トレース　ウエイド手芸制作部（関和之、森崎達也、田村浩子）
編集・進行　田口香代　大野雅代
制　作　スタンダードスタジオ
企　画　永沢真琴
モデル　おにょ

TORIDE de Knitの読む編みもの教室
はじめてでも編める棒針編みの教科書

2021年10月20日　初版第1刷発行

著　者　イデガミ アイ
発行人　廣瀬和二
発行所　株式会社日東書院本社
〒113-0033
東京都文京区本郷1-33-13 春日町ビル5F
TEL：03-5931-5930（代表）　FAX：03-6386-3087（販売部）
URL：http://www.TG-NET.co.jp
印刷・製本　図書印刷株式会社

ISBN 978-4-528-02374-1 C2077

棒針編みの編み方動画

本書で編んだ編み方や編み地、作品の編み方ポイントなどを動画で見ることができます。動画再生できるパソコンやスマートフォン、タブレットなどでWebブラウザにURLを直接入力するか、QRコードリーダーでQRコードを読み込んで再生してください。

指でかける作り目（P.12）

http://moviebooks.info/nittoamimono/1_yubiCO.mp4

ガーター編みの正方形（P.19）

http://moviebooks.info/nittoamimono/2_garterstitchsquare.mp4

編み目の向き（P.25）

http://moviebooks.info/nittoamimono/3_menomuki.mp4

メリヤス編みの正方形（P.26）

http://moviebooks.info/nittoamimono/4_knittingsquare.mp4

かけ目（P.41）

http://moviebooks.info/nittoamimono/5_kakeme.mp4

ねじり増し目（P.46）

http://moviebooks.info/nittoamimono/6_make1stitch.mp4

左上２目一度（P.51）

http://moviebooks.info/nittoamimono/7_k2tog.mp4

右上２目一度（P.52）

http://moviebooks.info/nittoamimono/8_skp.mp4

中上３目一度（P.56）

http://moviebooks.info/nittoamimono/9_s2kpo.mp4

すくいとじ（P.59）

http://moviebooks.info/nittoamimono/10_mattressstitch.mp4

巻きかがり（P.63）

http://moviebooks.info/nittoamimono/11_whipstitch.mp4

糸始末（P.66）

http://moviebooks.info/nittoamimono/12_itoshimatsu.mp4

裏目のすくいとじ（P.84）

http://moviebooks.info/nittoamimono/13_pmattressstitch.mp4

巻き目（P.102）

http://moviebooks.info/nittoamimono/14_BWloopCO.mp4

すべり目（P.104）

http://moviebooks.info/nittoamimono/15_sl1p.mp4